図 解

会社の
遊休地
老朽化建物
有効活用のすべて

下市源太郎
Gentaro Shimoichi

JN089082

日本実業出版社

●はじめに

「非常にたくさんの企業が困っている」

私が信託銀行で不動産部門に配属されたときに感じた第一印象でした。バブル経済が崩壊し、リーマンショックを経て、多くの企業は、遊休地だけではなく寮や社宅など売却して資金化できるものは売却を終えてしまい、本業で使用する不動産や、分譲マンションデベロッパーへの売却がむずかしい不動産しか保有していないような状態でした。企業は本業の業績が伸び悩むなか、残り少なくなった不動産を活用して収益を稼げないかと考え始めていた時期でもありました。

そのようななか、当時所属していた信託銀行は不動産に関しては売買仲介が主な業務だったため、私は、いろいろな情報を結びつけて何かをつくり出す不動産関連の業務を行ないたいと志願し、「遊休地を賃貸して収益を稼ぎたい」「オフィスを借りたい」といった企業のお悩みに対応する業務に取り組むことになりました。

社内にこうした業務に長けた人はいませんでした。また参考図書を探すために書店へ行っても、個人（地主）が賃貸アパートを運営するときのハウツー本はあったものの、企業が持つこうした悩みの解決に役立つような書籍はありませんでした。

そこで、ハウスメーカーやビルメンテナンス会社を初めとする多くの方にいろいろと教えていただきながら、企業の悩みに対し、遊休地に賃貸マンションや老人ホームを建てて運営管理会社（サブリース会社）に賃貸したり、コンビニエンスストアに賃貸したりするというお手伝いをさせていただきました。

しばらくして、某企業の社長から、「遊休地活用の相談をさせてもらえるのは他社にはないサービスなので非常にありがたい。しかし、企業が持つ遊休地の情報をそのままゼネコンやハウスメーカーに提供

し、ゼネコンやハウスメーカーから受けた提案書をそのまま説明するような、たんなるパイプ役ではダメだ。そうではなく、きちんと企業側に立った提案をしてもらえないか。コンサルフィーを払うから」というお叱りをいただきました。

これを機に、ゼネコンやハウスメーカーだけではなく、実際に借主となる企業との人脈をさらに多く築くことにしました。

「実際の借主」というのは、住居系であれば賃貸マンションや賃貸アパートの運営管理会社、サービス付き高齢者向け住宅や老人ホームの運営管理会社です。商業系では、スーパーマーケット、コンビニエンスストア、ホームセンターなどの商業テナントや商業施設運営管理会社です。

「この遊休地は賃貸できそうですよ」と机上で検討した結果を企業に報告するのではなく、自分で広げた人脈から具体的な借主候補者を数社探し出し、さらに借主候補者のマーケットでの評判や実績なども付加して、相談を受けた企業の社長の視点に立った提案をするようにしました。こうしたやり方が企業から大変感謝されるとともに評判を呼び、メインバンクとしてお付き合いしている企業の枠を超えて、さまざまな企業からご相談をいただけるようになりました。その結果、月日を追うごとにご相談いただく案件が増え、業務に就いて3年を経過する頃には、年間400件ものご相談をいただくまでになりました。

ご相談いただく内容も「老朽化した建物を何とかしたい」「倉庫を借りたい」「売却か賃貸か、比較検討したうえで経営判断したい」「商業テナントに貸すときの賃料相場を教えてほしい」など多岐にわたってきたことから、さらに人脈を広げ、お悩みに対応できるようにしました。現在では約450社、2500人以上の方とお付き合いをさせていただいています。

こうした業務に就いてからすでに十数年が過ぎましたが、いま改めて書店へ行っても、私が行なっているような仕事の参考になるような

書籍は見つかりません。

　年間400件以上ものご相談をいただくということは、それだけ困っている企業や社長が多いということだと思います。そうしたなか、すべての企業からのご相談に私一人では対応し切れませんから、少しでも参考にしていただければと考え、私が実体験から得たノウハウを書籍としてまとめることにしました。

　本書では、一般の事業会社が持つ遊休不動産の活用を考えたとき行なうべき事項について、検討から実施するまでの流れに沿って、押さえておくべきポイントをまとめました。

　社長の考え方との整合性のとり方、賃貸と売却を比較検討するときのポイント、売却するときも借主を想定することの重要性、収益物件の組成方法、入札要項作成から提案書を精査するまでの方法、優先交渉権付与から契約締結までの留意点……など、実務に携わった経験上、遊休不動産を活用したい企業の社長や実務を担当する方が知っておくべき必要十分なポイントを抽出し、わかりやすく説明しています。

　そのために、適宜事例を作成し、具体的なイメージを持っていただきやすいようにしました。本書で紹介する事例は、架空のものではありますが、実際にあったさまざまなご相談や案件をベースに、読者のみなさんが理解しやすいように簡素化したものです。

　もちろん、一般の事業会社の方がすべての手順を自力で行なうのはむずかしいので、必要に応じて専門家の力を借りることになります。しかし、手順や考え方のポイントを下知識として知っておけば、コストや方法など、自社にとって最適な手段で遊休不動産の活用ができるようになります。

　信託銀行でこの業務に就き、チームを率いて10年が過ぎた頃、縁があって経営コンサルティング会社に転職しました。経営コンサルティング会社のクライアントは東証一部上場企業が多いのですが、そのような企業も不動産に関して悩んでおられたのです。

ご相談の多くは「個別不動産をどうしたらいいか」というものでしたが、「保有するすべての不動産をどうしたらよいか」「M&Aを検討しているので、買収する企業の不動産を診断して欲しい」「不動産戦略はどのように立てたらいいか」「不動産事業を伸ばすには、組織はどのようにつくり、ノウハウはどのように蓄積したらいいか」というような、経営に関係するご相談も数多くいただいていました。

　本書においては、こうした点についても簡単に触れていますので、ご参考にしていただければ幸いです。

　2020年3月

下市源太郎

※本書の内容について、前職である三菱UFJ信託銀行株式会社ならびに、現在の職場であるデロイト トーマツ コンサルティング合同会社は一切関係がありません。

●はじめに

多くの企業は遊休不動産を
うまく活用する方法が
わからずに悩んでいる

1-1 遊休不動産はどうしたらいいの？ —— 012

1-2 遊休地の賃貸を初めて検討した事例 —— 014

1-3 遊休地をコンビニエンスストアに賃貸した事例 —— 016

1-4 老朽化したオフィスビルをカプセルホテルに賃貸した事例 —— 018

1-5 遊休不動産を活用できるかどうかは運次第？ —— 021

1-6 賃貸でも売却でも３つの視点から考える —— 023
　　●まずはネットで調べる　　●総務部で調べる

1-7 連絡する相手は良くも悪くもプロフェッショナル —— 027

遊休不動産の活用は
すべての選択肢を同列に並べて
検討すべき

2-1 遊休不動産の活用には８つの選択肢がある —— 032

2-2 すべての選択肢を提示するプロ（業者）はほとんどいない —— 034
　　●一因は不動産仲介手数料　　●不動産仲介手数料に縛られないゼネコン

2-3 経営者が抱える悩み —— 040

2-4 活用は選択肢の組み合わせになるケースも多い —— 044
　　●建物建て替えと賃貸の合わせ技の事例　　●新規賃借と売却の合わせ技の事例

2-5 仲介会社は万能選手ではない —— 051

2-6 仲介会社が役割分担をしたことで成功した事例 —— 055

第3章 社外への賃貸を検討するときに押さえておくべきポイント

3-1 「良い提案を持ってきたら検討する」は結局損 —— 060

3-2 賃貸を検討するときの3つのポイント —— 063

3-3 低利用地の借主を探し出して成功した事例 —— 066

3-4 借主を変えて4.5倍の賃料をとれるようになった事例 —— 069

3-5 借主をリストアップする —— 073
　●住居系の場合　　●事務所系の場合　　●倉庫系の場合　　●商業系の場合
　●その他

3-6 商業テナントの探索方法と出店条件の一例 —— 078
　●リストアップの仕方
　●出店条件の一例　　①コンビニエンスストア　　②ドラッグストア　　③ホームセンター
　　　　　　　　　　　④スーパーマーケット　　⑤家電量販店
　　　　　　　　　　　⑥フィットネスクラブ・スポーツクラブ　　⑦その他

3-7 「貸したら戻ってこない」は過去の話 —— 084

3-8 サブリースは仕組みをよく理解して検討しよう —— 088

第4章 社外への賃貸を実施するときに押さえておくべきポイント

4-1 賃貸方法は大きく2つ —— 094
　●建物貸し（借家）　　●土地貸し（借地）

4-2 建物貸し（借家）と土地貸し（借地）のどちらを選択するか —— 097
　●貸主の観点　　●借主の観点

4-3 賃貸借契約期間は何年か —— 101

4-4 複数契約を認めるか —— 102

4-5 賃貸を実施するときは3つの期間で考える —— 104
　●建物貸し（借家）　　●土地貸し（借地）

4-6 事業収支表を作成する──107

4-7 NOIとIRRの計算方法とベンチマーク──114

4-8 人口増減率、高齢化率などの公開データの活用──117

4-9 賃貸に伴って生じる業務は自社でできるか──118

4-10 賃貸する建物はマルチかBTSか──121
　　●住居系　　●事務所系　　●倉庫系　　●商業系

4-11 賃貸するときの流れ──128
　　①何を建てるか　　②どう建てるか　　③どう賃貸するか
　　④運営管理会社を利用する場合

COLUMN　賃貸借契約が終了したら……──130

第5章

社外への売却を検討・実施するときに押さえておくべきポイント

5-1 「いくらで売れそうか」は公表データだけでわかる──132

5-2 売却するときも賃貸を想定することで高値追求できる──135

5-3 収益物件を建てて売却したことで15億円も差益を得た事例──137

5-4 買主となる投資家とは？──141
　　●投資タイミングによる区分　　●その他の特性による区分

5-5 投資家を探索するにはまずは収益物件を組み立ててみる──144

5-6 売却するときは将来のリスクを考える──146

COLUMN　築年数が経っている既存建物があっても壊さない──149

第6章

「老朽化した建物」の賃貸・売却を検討するときに注意すべきポイント

6-1 建物図面を再作成するには膨大なお金がかかる──152

6-2 周辺調査の結果、継続使用できなかった事例──155

6-3 居抜き物件を賃貸するときは —— **158**

6-4 築20年の建物の借主を探索し賃貸した事例 —— **160**

COLUMN 「消防検査に合格しているから問題なし」を信用してはダメ —— **164**

第7章

社外への賃貸・売却にあたって必要な手続き①
「公図」などでチェックすべきポイント

7-1 地図や公図などの書類を用意する —— **166**

　●地図を準備する　　●公図と登記事項証明書を取得する

7-2 用途地域、前面道路の幅員や接道状況などを確認する —— **175**

　●用途地域を調べる　　●建蔽率と容積率を調べる　　●道路について調べる

　●道路の定義とは?

7-3 現地へ行って調べるべきこと —— **184**

　●歩いてみることが大切　　●スーパーマーケットへ行く　　●境界について調べる

　●越境物がないことを確認する

7-4 その他の確認事項など —— **188**

　●土地面積を確認する　　●土地の歴史を確認する　　●所有者を確認する

　●抵当権を抹消する

7-5 土壌汚染について —— **191**

7-6 「物件概要書」を作成する —— **194**

第8章

社外への賃貸・売却にあたって必要な手続き②
「入札要項」のつくり方

8-1 「入札要項」を作成しよう —— **198**

　①建物貸し (借家) の場合 (借主が決定してから借主の希望する建物を建築する場合)

　②土地貸し (借地) の場合　　③売却の場合

8-2 入札要項に関するその他の注意点 —— **202**

　●スケジュールの立て方　　●入札要項の配布の仕方　　●質問を受け付ける

●内見会を行なう　　●条件書の応募資格　　●スケジュールに余裕を持つ
●留意点

第9章

社外への賃貸・売却にあたって必要な手続き③
提案書を精査するときのポイント

9-1　入札要項に記載してある項目は守られているか── **208**
　　●建物貸し（借家）の場合　　●土地貸し（借地）の場合
9-2　賃貸借契約開始日と賃料発生日は同じ日ではない── **211**
9-3　覚書を締結するまでがいちばん強い── **214**
9-4　優先交渉権の付与まで（建物貸しの場合）── **216**
9-5　合意書締結（建物貸しの場合）── **218**
9-6　覚書締結（建物貸しの場合）── **219**
9-7　予約賃貸借契約締結（建物貸しの場合）── **221**
9-8　賃貸借契約締結（建物貸しの場合）── **224**
9-9　土地貸し（借地）の場合の流れ── **226**
　　●優先交渉権の付与　　●合意書締結　　●覚書締結
　　●現状の状態を記録する　　●予約賃貸借契約書締結　　●賃貸借契約締結
9-10　運営管理会社に賃貸する具体的な手順── **232**
　　●手順の流れ

第10章

企業にとって
不動産を活用することの意義
──個別最適から全体最適へ

10-1　CRE（Corporate Real Estate）戦略とは何か── **238**
10-2　不動産リストを作成し2軸4象限で分類する── **240**

10-3 事業のライフサイクルと不動産 —— 245

10-4 経営資源を活かすなら「自社運営」か「他社運営」か? —— 247

10-5 不動産リストを作成してヒトを活かす計画を策定した事例 —— 249

10-6 戦略を立てて、社内体制を構築する —— 251

10-7 不動産の活用と本業のシナジーを狙った事例 —— 252

第11章 こんな会社はいますぐに 遊休不動産をどうするかについて 対策を講じたほうがいい

11-1 事業後継者が見つからずにM&Aを検討している会社 —— 256

11-2 傘下企業が多い中堅企業、海外へ進出する中小企業 —— 264

◉おわりに

装丁・DTP／村上顕一

第 1 章

多くの企業は遊休不動産を
うまく活用する方法が
わからずに悩んでいる

遊休不動産は
どうしたらいいの?

遊休不動産を持っている企業は、3つの選択肢を持っています。

①社外へ賃貸する
②社外へ売却する
③何もせず遊休不動産のまま放置する

です。

本業が右肩上がりになりにくい経済環境になっているので、不動産賃貸収入を得ることで企業収益の下支えにしたい、創業の地だから手

図表1-1 ● 遊休地を持っている企業の3つの選択肢

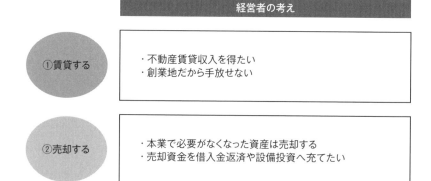

経営者の考え
①賃貸する	・不動産賃貸収入を得たい ・創業地だから手放せない
②売却する	・本業で必要がなくなった資産は売却する ・売却資金を借入金返済や設備投資へ充てたい
③放置する	・創業地だから手放せない ・土地が郊外にあり売却できないだろう ・誰に相談したら良いかわからない

放せないと考える経営者は社外へ賃貸することを検討します。

　本業で必要がなくなった資産は売却し、売却して得た資金を借入金の返済や新たな設備投資へ充てたいと考える経営者は社外へ売却することを検討します。

　創業の地だから手放せない、郊外にあるので売却しても二束三文にしかならないだろう、あるいは賃貸や売却をしたくても誰に相談したらいいかわからないと考える経営者は、何もせずに放置します。

　また、丸ごと遊休不動産とはいえないまでも、老朽化した建物を保有し、その一部を低稼働ながらも使用継続している場合もあると思います（**図表 1-1**）。

　このうち、実際の割合からすると、最後の「放置する」というケースが多いと思われます。

　なぜなら、デベロッパーやハウスメーカーからの「賃借させて欲しい」「売却しませんか」という提案を切っかけに賃貸や売却を検討するケースは多いものの、提案がない不動産については、賃貸や売却などのアクションを起こそうと思っても、具体的に何をどうしたらいいのかわからないからです。

　そこでまずは、具体的なアクションのイメージをつかむために、以下でいくつかの事例を紹介します。自社が置かれている立場との共通点などを探しながら読んでみてください。

遊休地の賃貸を
初めて検討した事例

　A社は、物置きとして使用していた倉庫の老朽化が進み、雨漏り
もひどくなってきたことから、倉庫を解体することにしました。不動
産を社外へ賃貸して、わずかでも賃料収入が得られれば企業収益の下
支えになるのではないかと考えたA社社長から、「賃貸したいけど、
よくわからないから借主を探して提案書をもらってきて欲しい」と連
絡がありました。

　賃貸に出すことを検討している不動産 (対象地) は、鉄道の各駅停車
のみが停車する駅から徒歩15分で、一戸建てが整然と立ち並ぶ閑静
な住宅街を過ぎたところにありました。駅前と対象地のすぐ近くにス

図表1-2 ◉ 最寄駅から離れた遊休地

最寄駅
※各駅停車のみ

片側1車線の
幹線道路

一戸建て

STORE

スーパー
マーケット

STORE

対象地

※駅から徒歩15分

一方通行の
狭い道路

ーパーマーケットがありました（**図表1-2**）。

　土地面積は約200坪ありましたが、前面道路は幅員4メートルの一方通行道路ですし、近隣にはスーパーマーケットがあるので、商業テナントへの賃貸はむずかしそうでした。賃貸マンションや賃貸アパート運営についても、駅から15分も離れているのでむずかしそうでした。また、社外への賃貸はA社にとって初めての経験です。社内に、賃貸を検討するときや賃貸に出しているときに必要となるノウハウはありません。

　つまり、A社社長が求めていることは、「A社は不動産を社外に賃貸したいものの、ノウハウや経験がまったくないので、借主探索から賃貸借契約を締結するまでは一切をあなたに任せる。また、賃貸借契約を締結した後は、建物のメンテナンスを含め、すべての作業を借主にお任せできる方法で社外へ賃貸したい」ということになります。

　私は念のため、あるハウスメーカーの方に賃貸アパート運営の可能性を確認しましたが、やはり賃貸アパートはむずかしいとのことでした。しかし、老人ホームであれば可能性があるのではないかと教えてくれました。

　老人ホームの運営管理会社はオペレーション効率化の観点から、ワンフロアが広い建物を希望します。早速老人ホームの運営管理会社に打診し、ラフな建物図面を作成してもらい、建築費の概算を把握しました。行政にも補助金を受け取れる可能性を確認しました。

　A社は老人ホーム運営管理会社に賃貸することを決めました。

SECTION 1-3 遊休地をコンビニエンスストアに賃貸した事例

　B社の経営企画部の方と初めてお会いしたとき、「保有する不動産のほとんどは本業のために使用しているけど、一つだけ遊休地のまま放置している不動産があるから、相談できるか」と言われました。鉄道の最寄駅からバスに20分以上乗り、降りたバス停の通りに面した、土地面積約130坪の不動産でした（**図表1-3**）。

　鉄道最寄駅からバスに20分以上も乗りますし、バス通りに面していてクルマの交通量も多く騒音があるので、賃貸マンションはおろか賃貸アパートもむずかしいと思われる場所でした。実際、バス通り沿いは田んぼや畑が多く、住宅はほとんど建っていませんでした。

図表1-3 ● 賃貸アパート運営がむずかしい遊休地

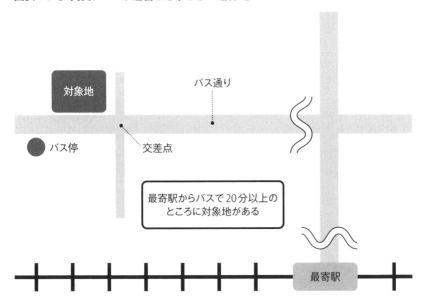

しかし現地に行って「おっ」と思った点が１つだけがありました。信号機付きの交差点の近くにこの不動産はあったのです。つまり、数分間に一度はクルマの流れが止まるのです。商業テナントに賃貸できると思いました。

　土地面積が130坪ですので、コンビニエンスストアとドラッグストアに相談をしました。想定していたとおり、コンビニエンスストアからもドラッグストアからも借りたいという返答がきました。

　おまけにコンビニエンスストアやドラッグストアへの賃貸の場合、建物建築費を貸主が負担する賃貸方法であっても賃貸アパートを建築するよりも負担金額が少なくなります。

　Ｂ社は各社の提案を比較し、ドラッグストアに賃貸することにしました。

SECTION 1-4 老朽化したオフィスビルを カプセルホテルに賃貸した事例

　C社の本社は地方にありますが、東京に老朽化したオフィスビルを保有していました。東京本社として使用していますが、使用していないフロアが半分以上ありました。

　ワンフロア面積が50坪もないいわゆるペンシルビルで、フロア間の移動が大変で社内のコミュニケーションも取りづらいことから、東京本社を別の賃貸オフィスに移転することにしました。その移転のお手伝いをしたときに、老朽化した東京本社オフィスビルについても相談を受けました。

　建物を解体して建て替えるとしても多額の費用が必要ですし、C社会長の思い入れのある建物ということで、老朽化したオフィスビルではあるが、そのまま誰かに貸せないかという相談でした。

　最近の賃貸オフィスビルは、エレベーターを降りたら共有部分の廊下があり、壁を隔てて執務エリアとなるレイアウトが一般的です。つまり見知らぬ人が入ってきても、廊下と壁があることで外部からの不審者の侵入を防ぐことができる、セキュリティが確保できるレイアウトが求められています。

　一方、C社の老朽化したオフィスビルは自社の東京本社として使用されていましたので、1階の入口を入ると総合受付があり、2階以上は、エレベーターを降りたらすぐに執務エリアというレイアウトでした。これを最近の借主が求めるようなセキュリティが確保できるレイアウトに増改築することは可能ですが、当然、費用がかかりますし執務室面積も狭くなります。

　また、そのような増改築をしないとなるとビル全体を一括で賃借してくれる借主を探す方法がありますが、C社自身が使いづらいと感じ

図表1-4 ● 賃貸がむずかしいオフィスレイアウト

エレベーターを降りたらすぐ執務室というレイアウト

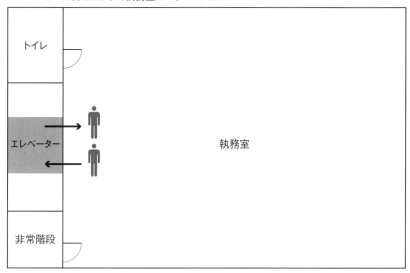

て移転したようなビルを丸ごと借りてくれる借主が早々に現れるとは思えません（**図表1-4**）。

　ところが最近は、新たなニーズが出てきています。

　それは、貸オフィスやシェアオフィス、貸会議室を時間単位で借りたいというニーズです。これらの場合、運営管理会社が1階の総合受付で入館者を受付して各フロアに案内しますので、不審者の侵入を回避できます。また、貸オフィスやシェアオフィスは、各フロア内をさらにパーテーションなどで仕切り小さな部屋に区切るので、自然と廊下ができます。床から天井までしっかりとした壁を造作する必要がないので、増改築費も安く抑えられます。

　早速、貸オフィスやシェアオフィスの運営管理会社、貸会議室の運営管理会社に賃借ニーズを確認しました。

　また、カプセルホテル運営管理会社にも賃借ニーズを確認しました。海外からの旅行者の増加でカプセルホテルが再注目されているという

背景もありますが、実はカプセルホテルの寝場所となるカプセルは、家具として認定されているものがあり、執務室にいくつか積み重ねても建築基準法や消防法に抵触しない場合があります。老朽化したオフィスビルをカプセルホテルに変更する事例が出始めているのはそのためです。

　結局 C 社は、建築基準法や消防法に抵触しないことを確認したうえで、カプセルホテルの運営管理会社に賃貸することにしました。そして受け取った賃料を積み立て、10 年後を目処に建物を解体し、建て替えを行なう計画も立てました。

遊休不動産を
活用できるかどうかは運次第?

　A社の事例は、遊休不動産を活用するコンサルティングを専門に行なっていた私と接点があったこと、賃貸マンションや賃貸アパートを建築することが仕事のハウスメーカーの方が機転をきかせて老人ホームの可能性を示唆してくれたこと、借主となる老人ホーム運営管理会社を見つけることができたこと、行政からの補助金を受け取れることがわかったこと、というある意味ラッキーが重なったことで賃貸をすることができました。しかし、すべての案件でこのようにうまくいくとは限りません。

　B社の事例のように、不動産の場所が鉄道最寄駅から遠く、バス通り沿いの場合、社外への賃貸をあきらめてしまっている企業は多くあります。なぜなら、社外への賃貸＝賃貸マンション運営や賃貸アパート運営というイメージを持っているからです。もしくは、商業テナントへの賃貸はハードルが高いといわれているからだと思います。この案件がうまくいったのは、賃貸を検討している不動産の近くに交差点があるという強みに気づけたかどうかがポイントだったといえます。

　C社の事例のように、老朽化したオフィスビルをどのようにしたらいいかわからず放置している企業は非常に多く見られます。これまでであれば「無理だ」と思っていたような条件であっても、海外からの旅行者の増加によるホテルのニーズ増加、働き方改革によるシェアオフィスのニーズ増加のように、時代背景は変化していますから、老朽化したオフィスビルでも賃貸に出せる可能性が広がってきたといえます。この事例においてはさらに、カプセルホテルのカプセルがタイプによっては家具扱いだということを知っていたのが幸運でした。こうした知識がなければ、賃貸はできなかったといえます。

どの事例も、ある意味ラッキーが重なっただけなのです。

　Ａ社社長には大変喜んでいただいたものの、いまから考えれば、

・賃貸方法は大きく分けて、建物貸し（借家）と土地貸し（借地）の2つ
　があること
・賃貸方法それぞれにメリットとデメリットがあること
・賃貸方法により借主が変わってくること
・建物建築費はライフサイクルコストのうち15％程度しかなく、その
　ほかにも検討しなければならない費用項目が多数あること

などさまざまな項目についてお伝えし、検討して提案すべきではなか
ったかと私自身反省しています。

　また、Ｂ社、Ｃ社の事例では、多くの借主や関係する方とのネット
ワークを持ち、継続的にコミュニケーションをとって、最新情報を入
手する大切さを実感しています。

　本書の読んでいる方がすべて私と面識があるわけではありません。
たまたま身近に専門家がいるかいないかで、遊休不動産の活用の成否
が分かれてしまうというのはいかにも理不尽です。

　そこで本書では、ラッキーが重ならなくても、ノウハウや経験がな
くても、遊休不動産をうまく活用できるようになるための案内を行な
います。

　もちろん、一般の事業会社の方が自力で不動産の賃貸や売却を行な
うのはむずかしいでしょうから、最後は不動産の専門家の力を借りる
必要があると思います。しかし、力を借りるにしても、自ら考え方の
方向性などについて下知識を持っていれば、合理的な提案なのかどう
かや損得について冷静に判断することができるのです。

賃貸でも売却でも
3つの視点から考える

　社外へ賃貸する場合でも、社外へ売却する場合でも、企業が遊休不動産の活用を検討する場合は、3つの視点から考えることが重要です。

　1つ目は法律（公法規制）、2つ目は貸主または売主の希望、3つ目は借主または買主の希望、です（**図表1-5**）。

　1つ目の法律とは、建物を建築するときにかかる法制限などのことです。不動産を売却したり購入したりした経験がある方は、重要事項説明書という書類を見たことがあると思います。用途地域、建蔽率、容積率などさまざまな調査事項が記載されていて、それらを宅地建物取引士が一つ一つ読み上げていったと思います。

図表1-5 ● 借主や買主を想定するときの検討項目

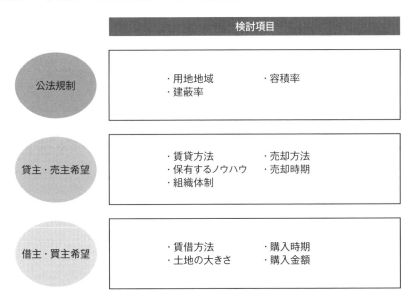

これらにより建築できる建物が変わってきますので、当然、借主も買主も変わってきますし、賃貸方法や売却方法も変わります。ただし検討初期段階ですべてを調査する必要はありません。検討初期段階で知っておくべき公法規制はわずかです（第3章参照）。

　2つ目は、いますぐに多額のキャッシュを得たいのか、多額のキャッシュを得るのは数年後でもいいのか、毎月賃料収入を得たいのか、老朽化した建物があるが解体費用が支払えないのでそのまま売却したいのか、建物を解体し更地化して売却できるのか、賃貸する場合に建物を建築して賃貸できるのか……というような、貸主や売主となる企業の考えや状況のことです。

　3つ目は借主や買主がどのようなニーズを持っているかということです。たとえばスーパーマーケットは、それぞれの会社によって借りたい不動産の条件は異なります。同様に分譲マンションデベロッパーもそれぞれの会社によって買いたい不動産の条件は異なります。

　以上の3点について考えるために、必要最低限必要となる項目について下調べしてみることをお勧めします。

●まずはネットで調べる

　遊休不動産の活用を行なった経験がない、もしくは経験がほとんどない企業でも活用を検討することは可能です。

　不動産を賃貸借したり売買したりするとき、不動産仲介会社は非常に多くの事項を調査しますが（第7章参照）、検討初期段階では、インターネットでも調べられる3つの公法規制さえ調べれば、作業を前に進めることができます。それは「用途地域」「建蔽率」「容積率」の3つです。

　たとえば、「東京都千代田区（実際は検討したい不動産のある市区町村名）、用途地域」のキーワードで検索すると市区町村のホームページにたどり着き、地図の上に色付けがされているページに遷移すると思います。地図から不動産がある場所を特定し、色付けされている色から用途地

域を特定します。「第一種低層住居専用地域」とか「準工業地域」という名称がそれにあたります。

　同じく「建蔽率」と「容積率」についても調べます。60％・200％とか、80％・500％と指定されています。

◉総務部で調べる

　次に総務部へ行って、不動産の住所と土地の面積を確認します。そして、地図を取り出して対象地を囲みます。

　建物が建っているようでしたら、築年数、建物の構造（鉄筋コンクリート造や鉄骨造など）、階数、延床面積を確認します。

　次に行なうのは、調べた内容を手元に置いて、賃貸マンション運営管理会社や賃貸アパート運営管理会社に連絡することです。売却を検討している場合でも、まずは連絡してみることをお勧めします。

　大手デベロッパーや大手ハウスメーカーのほとんどが、賃貸マンションや賃貸アパートの運営管理も行なっているか、グループ内に運営管理会社があります。連絡先は各社のホームページに記載されています。各社特徴がありますので、数社に連絡をすることをお勧めします。

　連絡した折りに伝えることは、

・不動産の賃貸を検討していること
・検討している不動産の所在地
・土地の面積
・現況は更地なのか建物が建っているのか
・賃貸マンションや賃貸アパートの提案をしてもらいたいということ

の５つです。

　連絡を受けた運営管理会社は独自に調査を実施し、提案ができると判断したら、ラフな図面と事業収支表が書かれた提案書を持ってきて

くれます。

　また、賃貸マンション運営管理会社や賃貸アパート運営管理会社に連絡をするだけでなく、コンビニエンスストアやドラッグストアなどの商業テナントにも連絡をすると、賃貸先の選択肢が広がります。

　商業テナントの多くは、企業のホームページに「店舗開発部の連絡先」や「賃貸不動産募集」といった形で連絡先を記載しています（第3章参照）。

　伝えることは、先ほど賃貸マンションや賃貸アパート運営管理会社に伝えた内容と同様です。

　形式的にいえば、遊休不動産を活用するための手続きはこのようなもので、決してむずかしいものではありません。しかし、これだけで本当に悔いのない活用ができるのでしょうか。

　残念ながら答えは「否」です。その理由を次項に記します。

連絡する相手は
良くも悪くもプロフェッショナル

　賃貸マンションや賃貸アパートは年間約40万戸供給されています（**図表1-6**）。日本国民の人口減少が明らかな昨今、賃貸マンションや賃貸アパートの運営を行なうことは最善の選択肢なのでしょうか。

　また、賃貸借契約を締結する相手方は、毎年多くの賃貸借契約を締結した経験を持つプロフェッショナルです。貸主である企業側に立って交渉したり、賃貸借契約をまとめてくれたりする人ではありません。

　インターネットで検索してみるとわかりますが、不動産の賃貸に関連して驚くほど多くの数の訴訟が行なわれています。検討していたときに示された事業収支計画と実態が大きく乖離し借入金を返済できな

図表1-6 ● 建築着工件数の推移（貸家のみ）

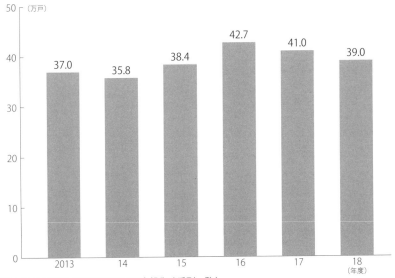

出所：国土交通省『建築着工統計調査報告時系列一覧』

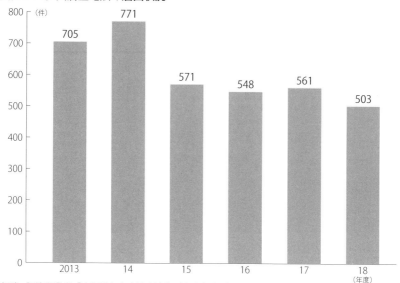

図表1-7 ● 大店立地法の届出状況

出所：経済産業省『大規模小売店舗立地法（大店立地法）の届出状況について』

くなった、検討していたときにサブリースの細かい条件まで説明がな
かった、サブリース契約を突然解約された……といった内容の訴訟が
多いようです。個人の場合は銀行からの借入金が返済できなくなり、
自己破産に追い込まれてしまっているケースもあるようです（サブリー
スについては第3章で詳しく説明します）。

　商業テナントについても同様です。大規模な商業施設は毎年約500
〜700か所新設されていますし、コンビニエンスストアに至っては毎
年1000を超える店舗が新規出店されています（**図表1-7**）。

　ここまでにいくつか遊休不動産の活用を行なった実例について解説
しましたが、読者のなかには、懇意にしている不動産仲介会社やハウ
スメーカーの担当者に相談すればやってくれるよ、と思われる方もい
らっしゃると思います。

　しかし、そうした担当者に相談して、任せっぱなしにして、本当に
大丈夫でしょうか。連絡した賃貸マンション運営管理会社や商業テナ

図表1-8 ● 誰に何を相談したらいいのか?

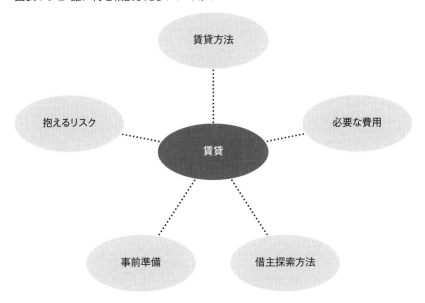

ントから連絡がなかったら、「貸せない不動産」とあきらめてしまっていいのでしょうか。

　大切な不動産を活用するにあたって、事前に、もう少しだけ学んでおけば、もっといい方法を見つけることができる可能性が高いといえます。

　どうせなら最善の方法で活用したい。

　そう考える方にこそ、次章以降をぜひともお読みいただきたいと思います。きっと自社にとってより最適な選択ができるようになるでしょう（**図表1-8**）。

The Essential Guide to
Corporate Real Estate

第 2 章

遊休不動産の活用は
すべての選択肢を同列に並べて
検討すべき

遊休不動産の活用には8つの選択肢がある

　一口に遊休不動産の活用といっても、その態様にはいろいろなパターンがあります（**図表 2-1**）。

　遊休地が更地の場合、選択肢は社外へ賃貸するか、社外へ売却するかという2つがあります。

　さらに、社外へ賃貸する場合は、①建物貸し（借家）をする、②土地貸し（借地）をするという2つに分かれます。社外へ売却する場合は、③現状のまま売却する（単純売却。老朽化した建物を解体して更地にして売却する方法も含む）、④収益物件化して売却するという2つに分かれます。収益物件化して売却するというのは、いったん貸主が借主に建物貸し（借家）または土地貸し（借地）をし、賃料収入が得られる状態になった後、不動産と賃料収入が得られる賃貸借契約を投資家などに売却する方法です（詳細は第5章参照）。

　一方、遊休地に老朽化した建物がある場合、選択肢は老朽化した建物を社外へ賃貸するか、老朽化した建物を社外へ売却するかという2つがあります。

　さらに、老朽化した建物を社外へ賃貸する場合は、⑤そのままで賃貸する、⑥大規模修繕やリノベーションを行なって賃貸するという2つに分かれます。老朽化した建物を社外へ売却する場合は、⑦現状のまま売却する、⑧大規模修繕やリノベーションを行ない収益物件化して売却するという2つに分かれます。

図表2-1 ● 遊休不動産の活用を検討する際の選択肢

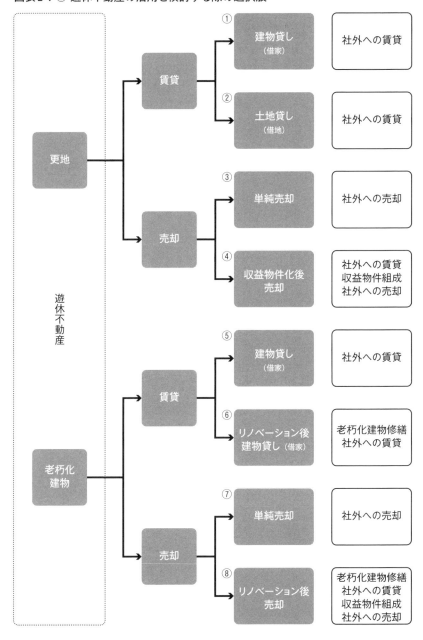

すべての選択肢を提示する プロ（業者）はほとんどいない

「建物は倒れるまで使用するつもりだから、これからも修繕で対応していく」「持たざる経営を標榜しているので、遊休地となったら売却する」「創業の地だから売却できない。賃貸する」など、すでに企業としての方針が決まっていることもありますが、実は多くの企業の社長は、前項で紹介した8つの選択肢を同列に並べて比較検討したうえで経営方針を決めたいと考えています。

一時期、CRE（Corporate Real Estate、企業不動産）という言葉をよく耳にしました。ところが最近ではあまり聞きません。CRE と称して不動産仲介会社が提案をする場合は不動産売却、ゼネコンが提案をする場合は建物建築、ハウスメーカーが提案をする場合は賃貸マンションや賃貸アパート運営というケースが多く、企業側も結論が見えているので、彼らの提案を聞かなくなったからかもしれません。

それではなぜ、不動産仲介会社などはそのような提案しかしないのでしょうか。

◉一因は不動産仲介手数料

不動産の仲介手数料は宅地建物取引業法で、賃貸借仲介手数料は月額賃料1か月分相当額（消費税などは別途、以下同じ）、売買仲介手数料は売買金額の3％（料率は売買金額による。消費税などは別途。以下同じ）を上限にすると決まっています（**図表 2-2**）。

賃貸借仲介の場合、貸主から不動産賃貸借仲介会社が受け取る仲介手数料と、借主から不動産賃貸借仲介会社が受け取る仲介手数料の合計が、月額賃料1か月分相当額です。

たとえば、家賃10万円で入居者募集をしている賃貸マンションに

図表2-2 ● 仲介手数料の料率表

売買に関する仲介手数料

取引金額	報酬額
200万円以下の部分	取引額のうち200万円以下の部分×5%×（1＋消費税）
200万円超400万円以下の部分	取引額のうち200万円超400万円以下の部分×4%×（1＋消費税）
400万円超の部分	取引額のうち400万円超の部分×3%×（1＋消費税）

賃貸借に関する仲介手数料

報酬額
賃料の1ヶ月分×（1＋消費税）

出所：建設省告示第1552号

入居者の入居を不動産賃貸借仲介会社が決めた場合、貸主は入居者募集を依頼した不動産賃貸借仲介会社に5万円、入居者である借主は賃貸マンションを紹介してくれた不動産賃貸借仲介会社に5万円支払うということになります（合計で10万円であれば、金額は貸主3万円と借主7万円でも、貸主10万円と借主0円でもかまいません）（次ジ–**図表2-3**）。

　売買仲介の場合、売主から不動産売買仲介会社が受け取る仲介手数料は売買金額の3%、買主から不動産売買仲介会社が受け取る仲介手数料は売買金額の3%となります。

　たとえば、売却希望価額5000万円の分譲マンション1室の売買を決めた場合、売主は不動産売買仲介会社に150万円、買主は不動産売買仲介会社に150万円支払うということになります（金額はそれぞれ150万円が上限です。200万円と100万円ということはできません）。不動産売買仲介会社が双方代理であった場合は、最大300万円を受け取れるということになります（双方代理については次項参照）（次ジ–**図表2-4**）。

図表2-3 ● 賃貸借仲介手数料のイメージ

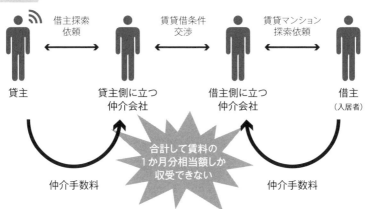

賃貸マンション

貸主	貸主側に立つ仲介会社	借主側に立つ仲介会社	借主（入居者）

借主探索依頼　賃貸借条件交渉　賃貸マンション探索依頼

仲介手数料　　合計して賃料の1か月分相当額しか収受できない　　仲介手数料

図表2-4 ● 売買の仲介手数料のイメージ

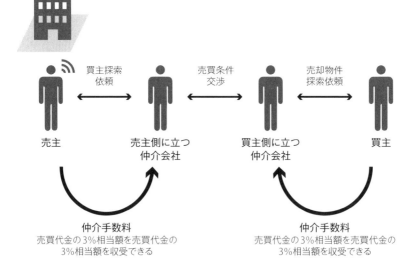

分譲マンション

売主	売主側に立つ仲介会社	買主側に立つ仲介会社	買主

買主探索依頼　売買条件交渉　売却物件探索依頼

仲介手数料
売買代金の3%相当額を売買代金の3%相当額を収受できる

仲介手数料
売買代金の3%相当額を売買代金の3%相当額を収受できる

これをみればわかるとおり、賃貸借仲介手数料に比べ売買仲介手数料のほうが収受できる手数料が圧倒的に大きいのです。みなさんが不動産仲介会社の経営者だとしたら、営業担当者に対して賃貸借仲介案件を獲得するよう指示を出すか、売買仲介案件を獲得するよう指示を出すか、結論は明らかでしょう。多くの方は売買仲介案件を獲得するように指示を出すでしょうし、売買仲介案件を獲得するような目標設定をするのではないでしょうか。

　その結果、営業担当者は目標を達成しようと、売買仲介案件につながるような提案（33ページの③、④、⑦、⑧）を企業に対して行なうことになります。

　それでも企業が売却ではなく賃貸をしたいと判断したとき、不動産仲介会社は賃貸借の提案をするときがあります。ここで企業は喜んでいてはいけません。留意すべきことがあります。

　更地に建物を建ててから賃貸する、いわゆる建物貸し（借家）の提案になると、賃貸借契約締結は建物竣工後になりますので、不動産仲介会社が賃貸借仲介手数料を収受できる時期は賃貸借契約締結時、つまり企業への初回提案から数か月から数年後ということになります。したがって、売買仲介手数料に比べて賃貸借仲介手数料は安く、手数料を収受するまでに時間がかかり、多様なノウハウが必要で手間もかかる建物貸し（借地）の提案は、不動産仲介会社や営業担当者にとってメリットが少ないので、当然、建物貸し（借家）の提案（33ページの①や⑥）ではなく、土地貸し（借地）の提案（33ページの②）となる傾向があります。

　つまり、相手に任せていると、選択肢は相手の都合で狭められてしまうわけです。

◉不動産仲介手数料に縛られないゼネコン

　一方で、ゼネコンやハウスメーカーは、建物建築の受注が仕事ですから、不動産仲介手数料の多寡は関係ありません。むしろ売買になってしまうと買主次第で建物建築受注ができるかどうかわからなくなっ

図表2-5 ● 建築受注の可能性のイメージ

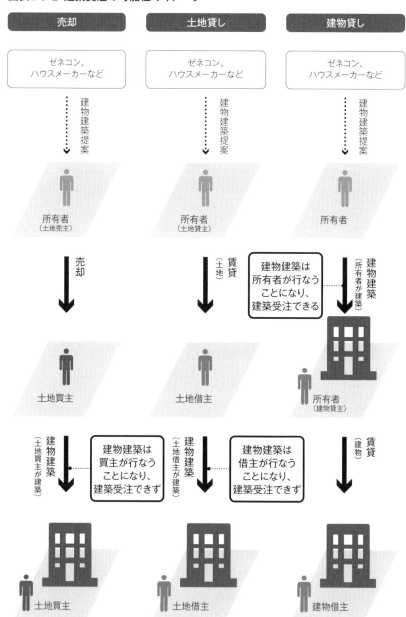

売却	土地貸し	建物貸し

ゼネコン、ハウスメーカーなど ┊ 建物建築提案 → 所有者（土地売主）

ゼネコン、ハウスメーカーなど ┊ 建物建築提案 → 所有者（土地貸主）

ゼネコン、ハウスメーカーなど ┊ 建物建築提案 → 所有者

売却 → 土地買主

賃貸（土地）→ 土地借主

建物建築（所有者が建築）→ 建物建築は所有者が行なうことになり、建築受注できる → 所有者（建物貸主）

建物建築（土地買主が建築）→ 土地買主

建物建築は買主が行なうことになり、建築受注できず

建物建築（土地借主が建築）→ 土地借主

建物建築は借主が行なうことになり、建築受注できず

賃貸（建物）→ 建物借主

てしまいます。同様に、賃貸でも土地貸し（借地）の場合は借主次第で建物建築受注ができるかどうかわからなくなってしまいます。

　その点、建物貸し（借家）でしたら、提案している相手が建物建築の発注者になりますので、建物建築受注の可能性が高まります。当然、ゼネコンやハウスメーカーは自然と建物建築受注が見込める建物貸し（借家）の提案（33ページの①や⑥、売却の場合は④や⑧）を行なうことになります（**図表2-5**）。

　ある企業の社長が次のようなことをおっしゃっていました。

　「不動産仲介会社は売却、ゼネコンやハウスメーカーは建物建築しか提案してこない。商業テナントから借りたいという提案があったが、商業テナントは賃貸借契約の相手方となるので、リスクなどをきちんと説明してくれるとは思えない」

　この言葉はまさに実態を示しています。

経営者が抱える悩み

　多くの社長はできることなら8つの選択肢を同列に並べて比較検討したいと思っています。詳細な条件まで比較検討できなくとも、メリットやデメリットを大まかにでも知って、何かしらの方針を立てたいと悩んでいます。実際、「建物図面はないが何とかならないか」「より高い値段で売却する方法がないか」「活用を検討したくても、賃貸借の専門家が少なく誰に相談したらいいかわからない。賃貸借契約はオーダーメイド性が強くよくわからない。合意書や賃貸借契約書の雛形が欲しい」というご相談をいただきます。

　企業の社長から寄せられる悩みは次のようにまとめることができます。

　社外への賃貸を検討する場合は、

・賃貸するには何から始めたらいいのか
・賃貸するにはどのような方法があるのか
・借主はどのように探したらいいのか
・賃貸にあたって必要となる事前準備はないのか、費用はどれぐらい必要か
・賃貸にあたってのリスクはないのか

　社外への売却を検討する場合は、

・付き合いがある不動産売買仲介会社に売却を依頼するだけでいいのか
・単純売却以外に方法はないのか

図表2-6 ● 売却のスキーム

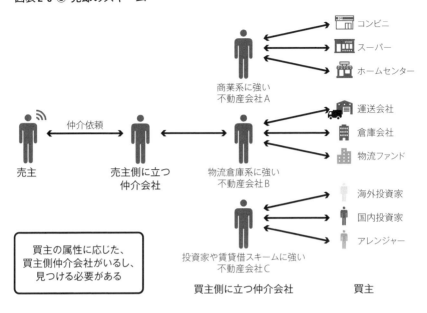

・売却にあたって必要となる事前準備はないのか、費用はどれぐらい
必要か
・売却後に負うリスクはないのか

ということです（**図表2-6**）。

　社外への賃貸は、企業収益の第二の柱にできる可能性があると多く
の企業が気付き始めており、注目を集めていますので、賃貸に関する
質問が増えてきています。

　ただ、社外への賃貸がむずかしいのは、単に賃料を高く払ってくれ
る借主を探索して賃貸を決めてしまうと失敗する可能性が高いという
ことです。賃貸方法、賃貸期間、賃貸を行なうときに生じる業務など
についても検討する必要があります（第4章、第10章参照）。

　これは社外への売却を検討する企業でも例外ではありません。売却
であっても、社外への賃貸を検討することで買い手の事情を把握する

ことができ (第5章参照)、より良い結果を得られる可能性が高まるからです。

　また、不動産仲介会社には強みとする分野があること、欧米では貸主と借主、売主と買主を分ける仲介スキームが一般的であること (双方代理の禁止)、不動産を投資商品化 (収益物件化) する方法があるということについても知っておくと (第5章参照)、その可能性をさらに高めることができるといえます。

　一方、社外への賃貸や社外への売却を検討したいと考えていても方法がわからず、老朽化した建物をやむを得ずそのまま継続使用している企業も多くあります。

　老朽化した建物を保有している企業の悩みには、

・建物の老朽化が進んできたが、創業地であり離れられない
・建物の使用方法が特殊で一般的な賃貸オフィスに移転することができない
・社用車 (営業車) が多く一般的な賃貸オフィスでは駐車場を確保しにくい
・取引先が近隣にあり離れた場所へ移転できない
・材料を運んでくる拠点 (高速道路のインターチェンジや港湾施設) の近くでないといけない
・製品を届ける取引先 (納入先) から離れた場所へは移転できない
・物流網の再構築がむずかしい
・移転を検討したいが、移転地の探索方法がわからない
・移転地を購入するためのまとまった資金がない
・移転元をいかに高く売却するかという方法がわからない

というものがあります。そして、雨漏りなどの不具合が出るたびに修繕対応してしのいでいるようです。

　しかし建物には寿命というものがあり、いつか必ず限界が訪れます。

図表2-7 ● 移転をするときのイメージ

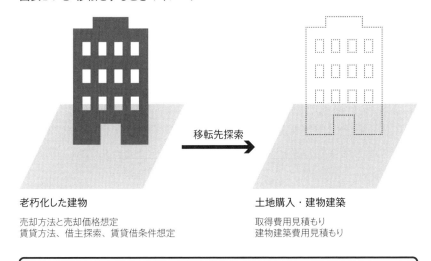

老朽化した建物
売却方法と売却価格想定
賃貸方法、借主探索、賃貸借条件想定

土地購入・建物建築
取得費用見積もり
建物建築費用見積もり

> 移転先についても移転元についても検討しなければならない

　会社設立から30年を超えた企業が増加しており、築年数が30年を超えた建物が増加しつつあると想定されます。このような企業は5年後、10年後を見据えて計画を立てる必要があります。

　検討にあたっては、大規模修繕費用の見積もりだけでなく、本業の操業を止めないためにも、

・移転先の探索と取得費用の見積もり
・建物建築費の見積もり
・移転元の売却方法と売却価格の見積もり
・移転元の賃貸方法と事業収支の見積もり

などさまざまなことを併行して検討する必要があります（**図表2-7**）。

　次項では、具体的なイメージがわくように、さまざまな選択肢を組み合わせて検討した事例を紹介します。

活用は選択肢の組み合わせに
なるケースも多い

◉建物建て替えと賃貸の合わせ技の事例

　A社は鉄道最寄駅からバスで30分以上乗った場所に、配送センター兼営業所を保有していました。ただ、建物老朽化への対策と物流の効率化から、配送センターを他の配送センターと統合することにしました。ただ営業所は引き続き必要でした。

　営業所の移転場所を探しましたが、適当な賃貸オフィスビルは見つかりませんでした。そこで、配送センター兼営業所だった場所は売却し、営業所の駐車場だった場所に新しい営業所を建築することにしました。土地面積は約200坪でした。ただ、営業所で働く人は10名程度でしたので、それほど大きな建物は必要ありません。営業車の駐車場を確保しても土地面積が余ります。

　そこで、賃貸アパートと併設できないかと検討することにしました。用途地域、建蔽率、容積率などの公法規制上の問題はありませんでした。ただ、建物の構造や間取りの取り方で課題が挙がりました。

　通常、賃貸アパートの建物構造は軽量鉄骨造か木造です。営業所は軽量鉄骨造です。賃貸アパートはいくつもの戸数がありますし、1戸のなかでも部屋が多数あります。建物の構造壁を自由に配置しやすいといえますが、営業所は無柱の大きな空間が求められるので、執務室内に構造壁を配置することはできません。

　軽量鉄骨造を手がけるハウスメーカーやゼネコンに相談しましたが、賃貸アパートと営業所の併設タイプは事例が少ないうえ、賃貸アパート部分の賃料保証（サブリース）を設定するとなるとさらに事例が少ないので、対応できないと断られました。ただ1社だけ、挑戦してみると手を挙げてくれました。

賃貸アパートに求める要件と営業所が求める要件、入居者と社員の導線、万一営業車が夜間に出入りをしても入居者に迷惑がかからない建物配置など、多数の要件を検討し、ようやく図面を完成させることができました。

　適切な建物配置と間取り、賃料設定が奏功し、建物竣工後すぐに賃貸アパートは満室になりました。これにより、A社は建物建築費のための借入金返済の大半を、賃貸アパートからの受取賃料で賄うことができ、少ない費用負担で新築の営業所に移転することができました。

●新規賃借と売却の合わせ技の事例

　本社が関西にあるB社は、関東に倉庫兼配送センターを保有していました。敷地は数千坪あり、建物が4棟建っていました。なかにはトタン屋根の、見るからに古そうな建物もありました。

　倉庫兼配送センターは鉄道の最寄駅からは徒歩15分以上も離れた場所にありましたが、近隣は住宅化が進み、分譲マンションデベロッパーや不動産売買仲介会社から「土地を売りませんか」というセールスが頻繁にあるということでした。たしかに近隣には大手デベロッパーが手がけた総戸数200戸を超える大型分譲マンションや高級賃貸マンション、戸建て住宅が立ち並んでいました。

　センターから本社に対してどのように対応したらいいかと確認があったものの、本社はセンターの運営や実務はセンターに任せていましたし、センターに頻繁に行かない経営陣や経営企画部は関東の土地勘もなく、対応を先延ばしにしてきました。

　しかし判断の先延ばしも限界に近いということで、現在の建物がいつ頃まで使えるのか、建物の建て替えは可能か、移転しなければいけないのか、について検討することにしました。

　建物建築当時の建物図面などは本社では保管しておらず、また、センターには確認したくないということでした。

　というのも、建て替えや移転を検討していることを現地で働いてい

図表2-8 ● 4棟の建物のレイアウト

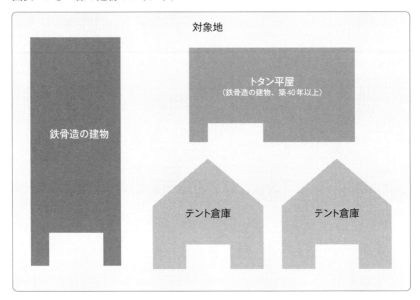

る従業員やパートの方に知られると、雇用が維持されないのではないかという不安が広がる可能性があるからです。

　本社が把握している情報は、4棟のうち最も古いトタン屋根の平屋の建物は築40年を超えているということだけでした。つまり建物構造、現在の建物の使い方、建物に求める構造・設備スペックはまったく不明という状態でした（**図表2-8**）。

　まずは建物面積、建物構造、残存耐用年数の確認、大規模修繕費用の見積もり、建物に求めるスペックを確認するために現地確認をすることにしました。この際には、センターで働く方に誤解を与えないために、ヘルメットを被った作業服姿ではなく、スーツ姿で筆記用具も持たず、まるで銀行員が融資実行を検討するための担保査定か、B社の取引先が新規での取引開始を検討するために倉庫を見学にきたと思われるように、人数を絞って現地確認をすることにしました。

　4棟の建物は、鉄骨造の建物とテント倉庫の2タイプがあり、鉄骨

造のうち1棟は最も古く築40年以上、もう1棟は築20年程度でした。建物内を確認すると、重量物が置かれている部屋、部品が置かれている部屋、部品交換作業をする部屋、ボールペンのような販売用小物の在庫が陳列されている棚がある部屋、小物をピッキングし配送用梱包作業をする部屋、梱包した箱をトラックが荷物を積み下ろしするスペースまで流すレーン、休憩室など、さまざまな用途で建物が使われていることが確認できました。

最も古い鉄骨造の建物の残存耐用年数は10年程度と判定できましたが、雨漏りなどの不具合が出た都度修繕をしていたようで、大規模修繕は計画的に実施していませんでした。

建物面積からシミュレーションをすると、残り10年間、継続使用するとなると最低でも数億円必要だという試算ができました。また、テント倉庫は当面使用できそうでしたが、建築確認申請を行なっていないこと、庫内が満杯であることから、テントの素材の取り替えは現実的ではないとの結論になりました。

次に建て替えが可能かどうかを確認するため、公法規制を確認しました。この段階では、用途地域、建蔽率、容積率を確認しました。用途地域は工業地域、建蔽率60%、容積率200%でした。

用途地域が工業地域なので、自社で使用する倉庫への建て替えは可能です。建物4棟の使用方法や面積、将来の取引拡大見込みを考慮しても、容積率いっぱいの建物を建築すれば対応できると試算できました。

しかし建築費が数十億円になる、国道から倉庫までの道路幅員が狭くて10トントラックでの搬出入ができない、近隣が住宅街化している、などから考えると、建て替えを積極的に選択することはできませんでした（次ジ→**図表2-9**）。

次に移転を検討しました。移転先は、賃貸倉庫を賃借する方法と、土地を購入して倉庫を自社で建築する方法の2つを検討しました。まず、現在空室の賃貸倉庫と、数か月以内に空室予定の賃貸倉庫の情報

図表2-9 ● センターが立地するエリアの周辺環境

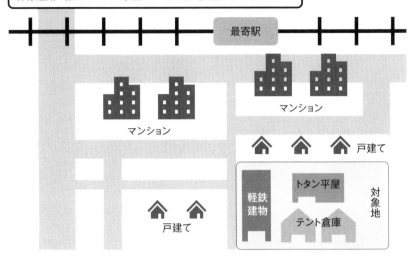

対象地に接する道路は幅員が狭く、大型トラックは走行できない。
幹線道路に抜けるには、小型トラックで住宅を抜ける必要がある。

最寄駅

マンション

マンション

戸建て

軽鉄建物

トタン平屋

テント倉庫

対象地

戸建て

を収集しました。先日の現地確認で建物に求めるスペック（床荷重、天井高、動力など）は把握していましたので、短期間で収集することができました。

　近隣相場から坪単価賃料を想定し、賃借希望面積を乗じて月額支払賃料を試算しました。さきほど試算した建物の大きさをふまえて、移転先の土地情報を収集し、購入費の試算をしました。土地購入費と建物建築費を合算すると、かなり大きな金額となりました。

　ここで併せて試算したのが、現在の土地を社外へ賃貸したらどうなるか、土地を社外へ売却したらどうなるかです。

　社外への賃貸方法は、建物を建てて賃貸する方法（建物貸し＝借家）と、土地を賃貸する方法（土地貸し＝借地）がありますが、B社は土地貸し（借地）を選択しました。なぜなら、賃貸倉庫を賃借する場合でも内装工事費はB社負担となるのが一般的で多額の費用がかかるため、現状では社外へ賃貸するための建物建築費は負担できないと考えたからで

図表2-10 ● B社が考えたスキーム

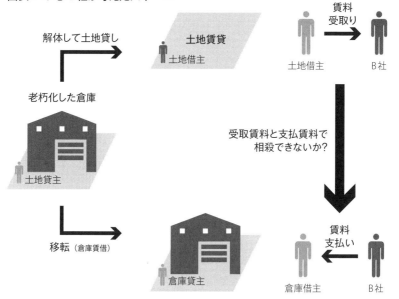

す。

　B社としては、賃貸倉庫を賃借するときの支払賃料と、この土地を社外へ賃貸したときに得られる受取賃料が相殺できればいいと考えました（**図表2-10**）。

　方向性が決まったので、土地貸し（借地）をするときの借主を想定しました。用途地域や近隣の状況から、建物面積が1万平方メートル以下の商業施設が候補として筆頭に上がりました。複数の商業テナントにヒアリングをしましたが、賃貸倉庫を賃借するときの支払賃料を相殺できるだけの受取賃料は期待できそうにありませんでした。そこで、この土地を売却した場合について検討をすることにしました。

　売却した場合の想定価格を近隣相場から試算しました。近隣が住宅街化していることもあり簿価を大幅に上回る金額となりました。土地の歴史を振り返ると土壌汚染はないようでしたし（第7章参照）、売却するためのコンディションづくりで費用が生じたとしても手残り金額は

百億円近くになると試算できました。

　そこで、賃貸倉庫の賃貸借仲介に強い不動産賃貸借仲介会社に賃貸倉庫の情報収集を、倉庫用地の売買仲介に強い不動産売買仲介会社に移転先の土地情報収集を依頼しました。B社が希望するスペックを満たす賃貸倉庫はいくつかあり、そのうち2つを内見しました。B社の倉庫の使用方法を貸主に伝え、賃貸借にあたっての経済条件を提示してもらいました。土地売却物件もいくつかあり、購入価格を試算しました。

　B社はいったん賃貸倉庫を賃借して移転し、現在の土地にある建物を解体、更地にした後に社外へ売却、その売却代金をもって移転先の土地を購入し建物を建築して、賃貸倉庫から移転するという計画を立て実行に移しました。

　実際の案件では、このようにさまざまな選択肢を組み合わせて対応する必要があるケースも多くなります。こうした場合にも考え方のポイントがわかるよう、第3章以降においては、実務の流れに沿って必要な項目を整理しながら解説していきます。

　なお、1平方メートルは、0.3025坪です。1万平方メートルは、3025坪ということです。0.3025という換算値は覚えておきましょう。不動産の話をするときは、数字の単位が平方メートルなのか坪なのか、確認しながら話をすることが重要です。

SECTION 2-5 仲介会社は万能選手ではない

さて、前項の事例において、「○○に強い不動産仲介会社に依頼」というエピソードが出てきました。

みなさんの企業でも、不動産仲介会社と付き合いがあると思います。グループ会社に不動産仲介会社があるという企業もあるでしょう。では、社外への賃貸や社外への売却、社外からの賃借や社外からの購入をするとき、どのような基準で不動産仲介会社を選定していますか?

「こういう不動産を購入したいので、ニーズにマッチした物件を持ってきたら仲介を任せるよ」「この不動産を売却するから、高値で購入する買主を見つけてきたら仲介を任せるよ」という紐付き条件の話や「メインバンク系列の不動産仲介会社を使わざるを得ない」という話はよく聞きますが、あまり賢明な方法とはいえません。

不動産仲介会社には、法人取引に強い/個人取引に強い、全国に強い/特定のエリアに強い、賃貸借に強い/売買に強い、住居系取引に強い/商業系取引に強い/事務所系取引に強い/倉庫系取引に強い、現物売買に強い/証券化物件売買に強いなど、各社強みや得意とする分野があり、万能選手ではありません。

みなさんにとって重要なポイントは、想定した借主や買主に応じた不動産仲介会社を選ぶことです。

メインバンクへの配慮や普段から付き合いのある不動産仲介会社があるかもしれませんが、多くの場合、複数の不動産仲介会社に借主や買主の探索を依頼することができます。複数の不動産仲介会社に依頼したとしても、貸主または売主が支払う仲介手数料の金額は変わりません。このことはぜひとも知っておいてください。

欧米では、買主側の不動産売買仲介会社と売主側の不動産売買仲介

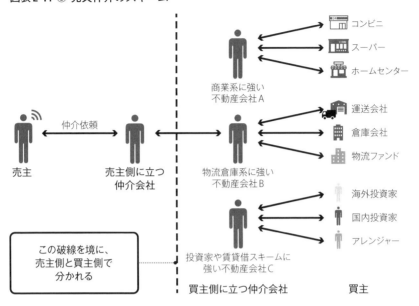

会社、あるいは貸主側の賃貸借仲介会社と借主側の賃貸借仲介会社を分けることが一般的となっています。これは利益相反になる恐れがある双方代理はおかしいという考えが主な理由だと聞いたことがあります。

みなさんの企業でも、裁判を行なうときはお互いがそれぞれに弁護士を立てて、お互いの主張をすると思います。相手方の弁護士に相談しませんよね。これと同じことです。

また、不動産仲介会社は各社強みや得意としている分野があります。この強みや得意分野を組み合わせることで、取引の成約の確率を高めたり、より良い条件での賃貸借や売買の成約の可能性を高めたりすることができます（**図表 2-11**）。

第1章でも触れましたが、国土交通省が発表している『住宅着工統計』(住宅貸家) によると、賃貸住宅は毎年約40万戸が建築され供給されています。

商業系では、大規模な商業施設だけでも毎年約 500 〜 700 か所新設されています（経済産業省『大規模小売店舗立地法の届出状況について』）。

　コンビニエンスストアは、全国に 5 万 5724 店舗（一般社団法人日本フランチャイズチェーン協会『コンビニエンスストア統計調査月報　2019 年 7 月度』）、ホームセンターは全国に 4790 店舗（一般社団法人日本ドゥ・イット・ユアセルフ協会『年間総売上高とホームセンター数の推移』2018 年度末）あります。

　つまり、借主となる住居系運営管理会社や商業テナント、商業系運営管理会社は、豊富な数の賃貸借契約を締結した経験値があります（他のアセットでも同様です）。

　また、賃貸マンションや賃貸アパート、賃貸オフィスビルは、およその賃料マーケットデータ（坪単価賃料など）が公開されていますが、商業施設や BTS（Build To Suit）型倉庫は特殊性が高く、およその賃料マーケットデータがなく、社外への賃貸に慣れていない企業が賃料マーケットを知ることはむずかしいのが現状です。

　このような状況でも、貸主がこれら借主と対等に賃貸借条件交渉ができるのであればかまいませんが、一般的には貸主の経験値や情報量は借主の経験値や情報量に及びません。ですから、借主との交渉に適した不動産賃貸借仲介会社を選択し、貸主側不動産賃貸借仲介会社として立ってもらい、賃貸借条件交渉をすることが重要なのです。

　また、第 7 章でも説明しますが、賃貸借や売買を行なうときに重要事項説明書へ記載しなければならない項目数は、場合によっては数十になります。

　この重要事項説明書を作成するにあたって「どのように調査を行なうか、どこまで詳しく調査しなければならないか」は、明確に実施方法が決められていません（国土交通省が「重要事項説明の様式例」を定めていますが、あくまでも最低限調査すべき項目が様式例として提示されていると考えてください）。

　ですから、A 不動産仲介会社が作成した重要事項説明書は 10 ページ近くにもなるのに、B 不動産仲介会社が作成した重要事項説明書は 1 ページだったということもあります。どちらが将来のリスク排除を

念頭に詳しく調査してくれているかは明らかです。

　さらに、いわゆる「暴力団排除条例」が施行されてから、不動産の譲渡または貸付けをする者も、相手方が暴力団などではないことの確認や暴力団事務所の用に供するものではないことの確認が求められています。確認にあたっては契約書などの書面に記載するよう努めることになっていますが、本当に相手方が反社会的勢力か否かを確認することは一般の方にはむずかしい場合があります。

　そこで、貸主側不動産賃貸借仲介会社や売主側不動産売買仲介会社を選定するときは、宅地建物取引業の免許を持っていることは当然ですが、重要事項説明や契約書締結につながるしっかりとした調査はもちろんのこと、過去の取引事例、ニュース報道・新聞記事、幅広い情報網を活用して相手方が反社会的勢力か否かの調査をしっかりとできる仲介会社を選定しましょう。

　次項では不動産仲介会社の選定が奏効した事例を紹介ます。

仲介会社が役割分担を
したことで成功した事例

C社は事業再編を行なうことになり、不要となる不動産を売却することになりました。売却する不動産は郊外にある工場で、土地面積約5000坪、建物面積約1000坪、クリーンルームが付いていました。

売却にあたり、日頃から付き合いのある地元の地方銀行に相談しました。地方銀行はぜひ手伝いたいとのことでしたので、地方銀行と関係がある不動産仲介会社に売買仲介を依頼することになりました。ところが数か月間にわたって不動産仲介会社が買主の探索を続けるも、買主候補者が現れませんでした。C社あて地方銀行と不動産仲介会社が訪ねてきて、仲介から離脱したいと言ってきました。

そこで、私に相談があり、初めから仕切り直すことにしました。

まず、物件概要書、写真、建物図面を確認し、建物形状や建物構造から、工場から倉庫への転用の可能性があると推測しました。早速建物構造や設備のことがわかるメンバーを引き連れ、現地確認を行なうことにしました。これまでは、クリーンルームが付いているため工場用途として買主を探索してきましたが、倉庫への転用も視野に入れたほうが買主の候補が増え、売買成約の可能性が高まると判断したからです。現地確認にあたり、メンバーには倉庫への転用が技術的に可能かどうかの確認と、転用する際の概算費用見積もりができるような確認をするよう依頼しました。

現地確認の結果、倉庫への転用は技術的に可能で、転用費用は数千万円との見積もりができたのでC社に報告しました。そして、工場用途だけではなく、倉庫用途としても買主を探索したい旨を相談しました。

まず行なうことは買主を想定することです（第3章参照）。

買主候補者をリストアップしました。そして、工場としての買主候補者を全国展開している企業、特定のエリアに展開している企業に分け、倉庫としての買主候補者を全国展開している企業、特定のエリアに展開している企業に分けました。

そして、工場×全国展開の買主候補者にアプローチが可能だと思われる買主側の不動産売買仲介会社、工場×特定エリア展開の買主候補者にアプローチが可能だと思われる買主側の不動産売買仲介会社、倉庫×全国展開の買主候補者にアプローチが可能だと思われる買主側の不動産売買仲介会社、倉庫×特定エリア展開の買主候補者にアプローチが可能だと思われる買主側の不動産売買仲介会社の合計4社を選定しました。

同時に、売主側の不動産売買仲介会社も1社選定しました。C社の意向はこの売主側の不動産売買仲介会社を通じて、買主側の不動産売買仲介会社に伝えるスキームをつくりました（**図表2-12**）。

図表2-12 ● 売却のスキーム

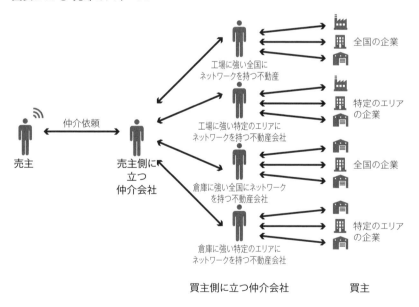

次に、売却時期や引き渡し状態など、Ｃ社の売却希望条件を記載した入札要項を作成し（第8章参照）、売主側不動産売買仲介会社を通じて買主側不動産仲介会社に提示しました。買主側不動産売買仲介会社から、入札要項を配布したい企業をリスト化してもらい、買主側不動産売買仲介会社間で企業の重複がないように調整しました。

　入札要項配布から1週間後、合計40数社から「関心あり」との回答を得ることができました。さらに1週間後、そのうち3社から購入意向書を受領することができました。

　3社には現地内見を実施し、購入希望価格の提示を行なってもらいました。

　3社のうち購入希望金額が最も高かったＸ社に優先交渉権を付与しました。Ｘ社は倉庫としての購入を検討しているとのことでしたので、再度現地内見を実施し、Ｘ社が希望するリノベーション内容をＣ社側の建築や設備関係の方が直接聞き取り、売買条件交渉を進めることになりました。

　その過程において、Ｃ社が工場から倉庫へリノベーションした後にＸ社に譲渡するよりは、Ｘ社がリノベーションを含む工事をすべて行なったほうが、Ｘ社の改修工事費削減や工期短縮につながるというメリットを訴求したことで、Ｃ社にとって当初想定していたリノベーション費用を大幅に下回る金銭清算という形で決着をつけることができました。

　Ｃ社は当初地元の地方銀行が買主候補者を探索できなかった時点で10億円を超える特別損失の計上を覚悟していましたが、倉庫への転用を推測し、買主を想定し、買主に適した買主側不動産売買仲介会社を選定したスキームをつくったことで、簿価を大幅に上回る金額で売却することができ、特別利益を計上することが可能になったのです。

The Essential Guide to
Corporate Real Estate

第 3 章

社外への賃貸を検討するときに
押さえておくべきポイント

「良い提案を持ってきたら検討する」は結局損

　遊休地や老朽化した建物を保有していると「○○にある土地を貸して欲しい」「△△にある土地に賃貸マンションを建てませんか」「□□にある土地を売却しませんか」という提案を受けたことがあると思います。

　みなさんはこれらの提案についてどのように対応しているでしょうか。いくつかの提案を並べて、月々の受取賃料が最も高い提案を採用、というようなことをしていませんか。

　ある企業の方から「遊休地があるので活用したい」と相談を受け、希望する条件は何かありますかと社長に質問したところ、「いい提案を持ってきたら検討する」と言われたことがあります。社長はいくつかの企業、それも上場している有名な企業から提案を受けていたので、「わが社が保有するあの土地は魅力的な良い不動産だから、提案する企業はライバルに負けまいと頑張った提案をしてくるはず」と思われていたのでしょう。

　大きな間違いです。

　みなさんは、何か商品を購入するとき、その商品を製造したメーカーの営業の方の説明、いわゆる営業トークのみを聞いて購入を決断しますか。それとも同じような商品を製造しているライバルメーカーの営業の方の説明も聞いて比較検討してから購入しますか。もしくはメーカーの営業の方以外の話、たとえば同じ商品を使っている信頼できる友人の話を聞いたり、インターネットでの口コミ情報などを見たりしたうえで購入を決断しますか。

　遊休不動産の活用提案でも同じことです。第2章でも触れたとおり、ゼネコンやハウスメーカーは建物建築を受注することが仕事です。各

社得意とする建物構造があります。主な建物構造として、鉄骨鉄筋コンクリート (SRC) 造、鉄筋コンクリート (RC) 造、重量鉄骨 (S) 造、軽量鉄骨 (軽鉄) 造、木造がありますが、各社は自社が得意とする建物構造の建物が受注できるような提案を貸主に対してします。

　たとえば SRC 造の建物を建築することが得意なゼネコンは高層賃貸マンションやオフィスビル、RC 造の建物を建築することが得意なゼネコンは賃貸マンションや倉庫、軽量鉄骨造や木造の建物を建築することが得意なゼネコンやハウスメーカーはコンビニエンスストアやドラッグストア、賃貸アパートの提案をするということです。また、ホームセンターのように店舗内の柱間隔が広い建物や天井高が高い建物は特殊な建築技術を必要としますので、これらの建物構造の建築が得意なゼネコンはホームセンターが借主となる提案をしてくる可能性が高いといえます。

　つまり、貸主が借主を想定せずゼネコンやハウスメーカーに相談すると、ゼネコンやハウスメーカーは普段、自社が店舗建築などを受注している取引関係のなかから借主を探索して、提案をしてくることになります。加えて、これらの提案は、建物建築発注が条件になることが多く、相見積もりをとることができないので、建物建築費が割高になってしまう傾向にあります。また、ゼネコンやハウスメーカーのグループ会社が運営管理会社を運営することが条件となっている場合もありますから、その提案が「貸主にとってベストな提案」であるとは言い切れません。

　場所によっては、建物を建築して社外へ賃貸するよりも、コインパーキングを運営したほうが貸主の手元に残る金額が多い場合があります。ところがコインパーキング運営は建物建築を伴わないので、ゼネコンやハウスメーカーからコインパーキング運営の提案がくることはまずないでしょう。また、コインパーキング運営は借地借家法にもとづかない契約になることが多く賃貸借仲介手数料として手数料を受け取れないケースが多い (紹介料となる) ので、不動産賃貸借仲介会社から

もコインパーキング運営の提案はないでしょう。

　これを「コインパーキング運営会社の営業マンが怠慢で、わが社に提案してこないのが悪い」と片付けてよいのでしょうか。企業は、企業が受け取る賃料が高くなる手段を自ら探し、検討すべきではないでしょうか。

　なかには本当に企業の立場で、ゼネコンでありながら建物建築に結びつかない提案、不動産売買仲介会社でありながら売買仲介手数料に結びつかない提案をしてくれる担当者もいますが、きわめて稀なケースといっていいでしょう。

　ゼネコンやハウスメーカーに相談するときは、何の下知識もなく、検討もしていない状態で相談するのではなく、貸主が借主を想定するなど、本書で説明するようなステップを踏んだ後に、各社が得意とする建物構造を確認したうえで相談することをお勧めします。

SECTION 3-2

賃貸を検討するときの
3つのポイント

　借主がいなければ賃貸は始まりませんから、まずは借主を想定してみることが大切です。借主とは賃料を払う人です。住居系であれば入居者、商業系であれば商業テナントとなります。言い換えると、どのような借主が不動産を借りたいと考えるかをイメージすることで、より良い条件で賃貸借契約を締結できる可能性が高まります。

　借主を想定するときは、3つの面から検討します（**図表3-1**）。

　1つ目は用途地域などの公法規制から建築可能な建物からの想定、2つ目は貸主の賃貸借希望条件やすでに保有しているノウハウや組織体制からの想定、3つ目は借主が希望する条件からの想定です。

図表3-1 ● 借主を想定するときの検討項目

	検討項目
公法規制	・用地地域　　・容積率 ・建蔽率
貸主希望	・賃貸方法　　・組織体制 ・保有するノウハウ
借主希望	・賃借方法　　・土地の大きさ

次に、そうした借主に対して、どのような前提条件を置いて、借主候補者から提案書（第9章参照）を受け取ればいいのでしょうか。代表的な観点は3つあります。

　1つ目は、「賃貸借方法」です。

　貸主である企業が建物を建築して建物を賃貸する方法（建物貸し＝借家）か、建物を建築せずに土地を賃貸する方法（土地貸し＝借地）かということです。企業が建物を建築する場合は負担できる建築費の上限を決めます。建築費以外に設計費や施工管理費などの費用も必要になりますので、それらの費用も見込んで建築費の上限を決める必要があります。

　たとえばロードサイドのコンビニエンスストア（平屋、シングルテナント）だと建物建築費は数千万円ですが、高層建物の賃貸マンションだと建物建築費は数十億円になる場合もあります。企業の財務状況を考慮して上限額を決めます。

　また、多くの企業では建物建築費は銀行借入になるでしょうから、銀行借入の実現可能性とともに、元金・金利返済の負担に耐えられるかを十分に検討します。本業ではない不動産事業に多額の資金を投資する理由についても十分検討する必要があります。

　2つ目は、「賃貸借期間」です。

　借主によっては数年の賃貸借契約を希望する場合もありますし、シニア施設のように長期的に事業を運営することが求められる場合は、期限の定めのない賃貸借契約を希望する場合があります。

　社外への賃貸を検討している不動産は、今後本業で使用する可能性がないのかあるのかを十分に検討します。これは主に製品のプロダクトライフサイクルを考慮して検討します（第10章参照）。

　3つ目は、投資に対する収益性で比較するのか、受取賃料の絶対金額で比較するのかの「判断基準」です。

　収益性とは、簡単にいうと投資金額に対する年間の受取賃料の割合です。収益性を重視すると、容積率が高く高層建物の建築が可能な土

地でも建物建築費が少ない低層建物の提案がされる可能性があります。一方で受取賃料の絶対額を重視すると、容積率を目一杯消化するような高層建物を建築し、賃貸借面積が広くなるような提案がされる可能性があります。

　本業へ投資するのではなく、社外への賃貸事業へ投資するわけですから、少なくとも WACC（Weighted Average Cost of Capital。資本コストの計算方法の一つで、借り入れに係るコストと株式調達に係るコストを加重平均したもの）を超える基準を設定したうえで、収益性を重視するのか、受取賃料の絶対額を重視するのかを検討します（**図表 3-2**）。

　以下に、借主を想定してからアプローチして成功した事例と、借主を想定して活用方法を変更した結果、受取賃料を大幅に増やすことができた事例を紹介します。

図表3-2 ● 検討ポイントの一覧

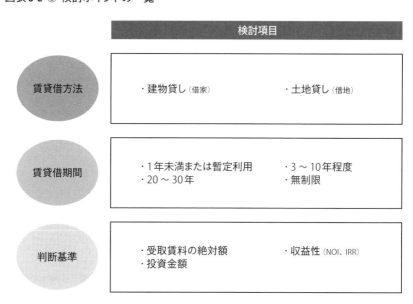

検討項目		
賃貸借方法	・建物貸し (借家)	・土地貸し (借地)
賃貸借期間	・1年未満または暫定利用 ・20 〜 30年	・3 〜 10年程度 ・無制限
判断基準	・受取賃料の絶対額 ・投資金額	・収益性 (NOI、IRR)

SECTION 3-3

低利用地の借主を探し出して成功した事例

　A社は関東に工場（土地面積約2万坪）を保有していました。工場は築50年を超え、老朽化が深刻な状態でした。あるとき、自然災害により工場の一部が破損し操業停止に追い込まれました。しかし、幸か不幸か工場の稼働率が低かったので、建物が破損した部分にある生産設備を工場内で移動し、数か月後に操業を再開することができました。

　A社は、建物が破損し生産設備を撤去した部分、工場の半分は今後も使用しないので、土地面積約1万坪について社外への賃貸を検討することとなりました（**図表3-3**）。

　まずやらなければならないのは、現地を確認することです。鉄道の

図表3-3 ● A社の工場の状況

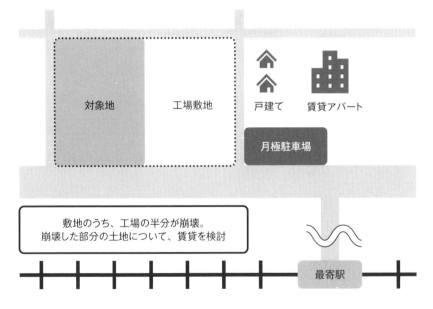

対象地　工場敷地　戸建て　賃貸アパート

月極駐車場

敷地のうち、工場の半分が崩壊。
崩壊した部分の土地について、賃貸を検討

最寄駅

最寄駅から工場がある場所までは徒歩10分以上かかりました。工場は、片側1車線（対面通行）ながらも、大型トラックも走行している広い道路に面していました。工場の外周を徒歩で1周し、工場正門以外に道路と工場が接している場所、隣地との壁の有無、越境物はないか、下水道や排水路の有無を確認しました。

　次に、近隣を徒歩で確認しました。賃貸マンションや賃貸アパートがあるか、どこの運営管理会社や不動産仲介会社が入居者募集をしているか、コンビニエンスストアやスーパーマーケットなどの商業店舗があるか、月極駐車場やコインパーキングになっている場所はあるかなどをメモしていきました。朝の通勤時間帯、お昼頃、夕方の帰宅時間帯と、人が活動する時間帯に合わせて何度か歩き回りました。

　最後に、特別高圧電線の有無や引き入れ場所、上下水道や排水路の地下配管が工場内のどこを通っているかや引き入れ場所について図面を見ながら工場の方に確認しました。

　社外への賃貸を検討する土地面積の広さ、近隣の状況などから、住居、商業、倉庫、病院など、さまざまな用途が考えられそうでした。この感覚が後々大切になります。

　次のステップは、市区町村役場の窓口へ行き、公法規制を確認することです（第7章参照）。この段階では、用途地域、建蔽率、容積率を確認しました。用途地域は工業地域、建蔽率60％、容積率200％でした。用途地域が工業地域なので、建築物の用途制限の概要一覧表（176ページ参照）から、店舗部分の面積が1万平方メートル以下の店舗、事務所、ボウリング場、パチンコ屋、保育所、老人ホーム、倉庫業倉庫、自家用倉庫、工場などが建築可能です。土地面積が1万坪、容積率が200％なので、建物面積2万坪（1万坪×200％）の建物を建築できますので、相当大きな建物を建築することができるということです。

　このとき、気をつけたのは、社外への賃貸を検討していることを社内外の人に知られないことでした。これは、「社外への賃貸」という言葉が「工場閉鎖」という誤った情報に変わって伝わることで、工場

で働く方に雇用面での心配をかけたくない、近隣の方に心配をかけたくないという配慮からでした。

このような状況で借主を想定しました。社外へ賃貸する土地面積が1万坪あり、用途地域などから、大型商業施設としてホームセンター、スーパーマーケット、商業施設運営管理会社を、倉庫系として倉庫施設運営管理会社を借主候補者として挙げました。

貸主としての準備作業を進めつつ、Ａ社が希望する賃貸借条件を織り込んだ入札要項を作成し、正式に提案を募集することになりました。数社から提案があり、上位２社（倉庫施設運営管理会社と商業テナント）に絞って条件交渉を進めることにしました。また、この頃には、現地で働く方への社内説明会も終え、Ａ社内でも土地の一部を社外へ賃貸することを検討していることがオープンになりました。

早速、２社に工場内に入ってもらい、現況を確認してもらいました。Ａ社は土地貸し（借地）の方法の一つである事業用定期借地権での賃貸借を希望していましたので、現況の確認は非常に大切です。埋設物はないか、配管はどこを通っていたかなど、細かい点の確認が続きました。工場として残す部分と社外へ賃貸する土地の境界についての確認もしました。

最終提案は、倉庫施設運営管理会社からの提案のほうが経済条件は良かったのですが、商業テナントからの「工場で働く方を商業テナントでの働き手として雇用したい」との条件がＡ社の判断を決めました。Ａ社は工場閉鎖をしたり、希望退職を募ったりしなければならないような企業業績ではなかったのですが、工場で働く方の高齢化が進み、工場で働くことが肉体的に辛くなってきている人が多くなってきたという情報を、Ａ社はキャッチしていたのです。

Ａ社は商業テナントに、前面の広い道路から商業施設に入る出入口の場所や、従業員やパートの方の雇用を条件に賃貸することにしました。これらについては入札要項に織り込んでいなかったので、私にとっても勉強になりました。

SECTION 3-4 借主を変えて4.5倍の賃料をとれるようになった事例

　B社は、最寄駅から徒歩15分弱の場所に約1000坪の土地を保有していました。B社は東京の都心に本社がありましたが、この土地は本社から電車で45分程度の場所にありました。10年以上も本業では使用せず、月極駐車場として賃貸していました。駐車区画は150台以上あり、8〜9割程度で稼働しているとのことでした。毎月の駐車料金の徴収や個々の駐車スペースの借主との契約締結は、駐車場近くにある不動産仲介会社に委託していました。

　B社経営企画部は、さらなる賃料収入を得たいと考えて検討を開始することにしました。というのは、ゼネコンやハウスメーカーから賃貸マンションを建築しませんかという提案が度々あり、建物建築費が必要となるものの、その賃料収入の多さに魅力を感じていたからでした。

　そこでまずは、賃貸マンション以外にも借主がいないのか、借主がいるとすればどのような経済条件で賃借してもらえるかを確認してみようということになり、入札要項を作成することにした。

　まず、用途地域、建蔽率、容積率を調べました。用途地域は第二種住居地域でしたので、賃貸マンションやサービス付き高齢者向け住宅のような住居系、スーパーマーケットやコンビニエンスストアなどの商業系、事務所、ホテル、遊戯施設（一部）の建物が建築可能でした。

　現地確認を行なってみると、最寄駅周辺にはすでに分譲マンションや賃貸マンションがいくつも立ち並び、マンションの1階にはスーパーマーケットやコンビニエンスストアなど、さまざまな種類の商業テナントが店舗を構えていました。事務所ビルもいくつかありましたが、都心から離れていることもあり、ワンフロア面積が300坪を超えるよ

図表3-5 ● 最寄駅と土地を含むイメージ図

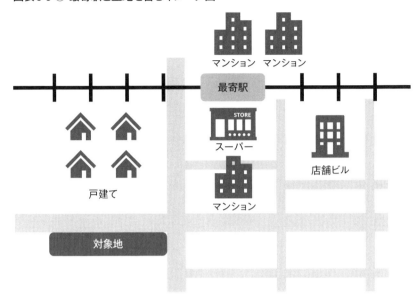

うな、いわゆるＳクラスビルはありませんでした。

　土地の形は長方形で、前面道路には十分接していましたが、奥行きがあまりありませんでした。比率でいうと１対６〜７でした（**図表3-5**）。

　これらの情報をもとに借主の想定を行ないました。この土地を含むエリアで賃貸マンションの運営管理を行なっている会社をリストアップしました。商業系も同様に、この土地を含むエリアで出店しているスーパーマーケットやコンビニエンスストア、ドラッグストアなど、さまざまな出店形態を想定しリストアップしました。シニア事業運営会社、ホテル、フィットネスクラブもリストアップしました。

　Ｂ社に建物貸し（借家）を希望するか、土地貸し（借地）を希望するかを確認しました。土地貸し（借地）であれば建物建築費は不要ですが、建物貸し（借家）であれば建物の建築費をＢ社が負担することになります。賃料収入は、一般的に土地貸し（借地）よりも建物貸し（借家）の

ほうが多く得られます。B社は建物建築費の負担はできないということでしたので、土地貸し(借地)で検討することにしました。

ここで借主に制約が出てしまいます。

借地借家法で、賃貸マンションなどの生活を営む建物の場合は、事業用定期借地権では契約を締結することができないと定められているのです。賃貸マンションを行おうとすれば、B社が建物を建築し賃貸マンション運営管理会社に賃貸するか、B社が直接入居者に賃貸するしかないのです。いずれにしても建物建築は必須です。B社は数億円の建物建築費負担はできないとして、賃貸マンションなどの住居系への賃貸はあきらめました。そうすると、借主候補者は商業テナントや商業施設運営管理会社、ホテル、フィットネスクラブになります。エリア、土地面積、土地形状などを考慮し、リストアップした会社と、過去にB社あてに提案をしてきた会社から候補先を20社に絞り込みました。

次に土地の歴史を振り返り、土壌汚染の可能性について確認をしました(第7章参照)。スーパーマーケットなど食品を扱うテナントが借主の場合、土壌汚染されていないことが賃貸借条件となる場合が多いからです。口から入る食材などを取り扱っている以上、当然といえば当然の条件だと思います。また、地中埋設物がある可能性についても確認をしました。土地貸し(借地)といえども、借主が建物を建築する際に障害となるものが地中にないことが賃貸借条件となる場合があります。障害物があると建築費が上昇してしまうので、当然といえば当然の条件だと思います。この段階で調査をしておかないと、土地貸し(借地)後に、建物建築を始めたら障害物があったので撤去または建築費増加分を支払って欲しいと借主に言われ、貸主にとっては予期せぬ支出となる可能性がありますし、多額であれば支払えない可能性もあるからです。

最後に、B社の要望と賃貸借契約終了までに生じうるリスクを低減する項目を記載した入札要項を作成し、スーパーマーケットやコンビ

ニエンスストアなどに直接配付しました。不動産賃貸借仲介会社に依頼する方法もありましたが、すべて直接配付しました。

　入札要項を配布した20社ほとんどから条件提示を受けることができました。それらを一覧表にしました。第1集団は、現在の月極駐車場から得られる賃料の約4.5倍、第2集団は2〜3倍、第3集団は現状と同等という結果でした。

　ちなみに以前からB社に提案をしてきていたゼネコンは、下位集団と同等の賃料提示だったうえ、借主である商業テナントが見つからない場合は応札した札は無効になるという条件を付していました。また、提案のなかには、賃貸借期間中の事業収支がマイナスになってしまう申し込みもありました。

　B社とミーティングを行ない、月額賃料だけではなく、賃貸借期間やリスク排除条項の遵守度合いなども考慮し、X社に優先交渉権を付与、合意書締結を経て、無事に賃貸借契約を締結することができました。

　B社は、それまでの月極駐車場から得られる賃料の約4.5倍の月額賃料を得ることができるようなっただけではなく、賃貸借契約期間が長期間となったことから、金額で換算すると、月極駐車場を続けるよりも、約20億円以上多くの収入を得ることができるようになりました。

借主をリストアップする

　建物貸し（借家）を前提に、借主候補者をリストアップする際の考え方を記します。ただ、これを検討するにあたっては、「どのような建物を建てるか」とセットにする必要があります。その点については、第4章で詳しく解説していますので、そちらと合わせて読んでいただけると、より理解が深まると思います。

◉住居系の場合

　賃貸マンションや賃貸アパートの場合、入居者（一般的には個人）か運営管理会社が借主となります。運営管理会社は貸主から賃貸部分を一括して賃借します。その後転貸先（一般的には個人）を探索し、転貸借契約を締結します。貸主へ支払う賃料と、転貸先から受け取る賃料の差額が運営管理会社の収益源となります。

　貸主と運営管理会社の締結する賃貸借契約を、サブリース契約ということもあります（第3章参照）。運営管理会社に賃貸するメリットは一括で賃貸できるので、管理する賃貸借契約数が1つとなる、入居者を探索し賃貸借条件を交渉、契約締結をする必要がないなど、貸主の負荷が軽減されることです。つまり、貸主は運営管理会社の高い業務ノウハウを期待しているといえます。ですから、実際に運営管理会社に賃貸するときは、エリアのプライスリーダー的な存在の会社かどうか、部屋タイプごとの管理戸数、平均賃料単価、空室率などの実績を確認することが大切です。

　運営管理会社は、デベロッパーのグループ会社、ハウスメーカーのグループ会社、ゼネコンのグループ会社、賃貸マンション運営管理会社、投資家などがあります。

サービス付き高齢者向け住宅や老人ホームの場合、シニア施設運営のノウハウが必要となりますので、運営管理会社が借主となることがほとんどだと思われます。運営管理会社は、病院や医療法人のグループ会社、給食会社、鉄道会社、ハウスメーカーのグループ会社、シニア施設運営管理会社などがあります。この際、国、都道府県、市区町村の施策についても確認しておきます。施策に合致している事業であれば借主が補助金を受け取れるので、うまくいく可能性が高まります。

●事務所系の場合

事務所系の場合、法人が借主となります。「事務所を探している法人」を探索することはむずかしいので、インターネットなどで借主を募集するか、事務所の賃貸借に強い不動産賃貸借仲介会社に依頼して法人を紹介してもらう（仲介手数料を支払う）こととなります。

ただ、賃貸マンションや賃貸アパートで説明したようなサブリースをする運営管理会社はほとんどありませんが、最近は、貸会議室やシェアオフィスを運営する会社が事務所ビルを一括賃借する事例が増えてきています。

●倉庫系の場合

倉庫系の場合、法人もしくは運営管理会社が借主となります。借主は陸運会社や倉庫会社だけではなく、メーカーやメディアなどさまざまなので、十分マーケティングを行なうことをお勧めしますが、事務所と同様に「倉庫を探している法人」を探索することはむずかしいと思います。

そこで、事務所系と同様に、インターネットなどで借主を募集するか、倉庫の賃貸借に強い不動産賃貸借仲介会社に依頼して法人を紹介してもらう（仲介手数料を支払う）こととなります。

倉庫の場合、運営管理会社も貸主から賃貸部分を一括して賃借することがあります。その後、転貸先（一般的には法人）を探索し、転貸借契

約を締結します。貸主へ支払う賃料と、転貸先から受け取る賃料の差額が運営管理会社の収益源となります。運営管理会社は、運送会社、倉庫会社、物流デベロッパー、などとなります。ただ、運営管理会社は、借主になることよりも買主となることを希望する傾向にあります。

　ところで、第4章で解説するように、倉庫は建物によって特徴や借主が大きく異なります。マルチ倉庫は借主が退去したとしても、汎用性がありますので、次の借主を探索しやすいといえます。BTS型倉庫は借主の希望に沿ったオーダーメイド型ですので、汎用性はなくなる一方、マルチ倉庫よりも高い賃料で賃貸できたり、長期間の賃貸借契約を締結できたりすることが可能になります。

◉商業系の場合

　商業系の場合、商業テナントや商業施設運営管理会社が借主となります。

　商業テナントとは、コンビニエンスストア、居酒屋、アパレルショップ、ドラッグストア、スーパーマーケット、ホームセンターなどです（次ジ→**図表3-6**）。

　たとえば対象地の土地面積が3万坪の土地貸し（借地）で商業系の適地とした場合、誰が借主となるか考えてみます。

　広い土地を賃借する代表的な商業テナントとしてホームセンターがありますが、会社により大規模店舗型（およそ1万坪以上の土地に大規模な店舗を建てる）、小規模店舗型（3000坪程度の土地に店舗を建てる）、中規模店舗型（その中間タイプ）、都市型（300坪程度の土地に店舗を建てる）のいずれで出店するかは異なります。

　スーパーマーケットも同様です。ショッピングモール（およそ2万坪以上の土地に大規模な複層階の店舗を展開）、NSCタイプ（およそ5000から1万坪程度の土地に平屋もしくは2階建て程度の店舗を展開）、単独タイプ（およそ1000から3000坪程度の土地に平屋で店舗を展開）、都市型（300から1000坪程度の土地に店舗を展開）など、会社により出店方法が異なります。

図表3-6 ● さまざまな商業テナント業種

商業テナント
コンビニエンスストア
居酒屋
アパレルショップ
ドラッグストア
スーパーマーケット
ホームセンター
回転寿司
カーディーラー
中古車販売店
飲食店、ファミリーレストラン、ファストフード
書店
調剤薬局

　対象地の土地面積が広く、商業テナント1社では使い切れない場合は、複数の商業テナントが「商業施設」を計画し出店する場合があります。このとき「誰が商業テナントを取りまとめ、商業施設の計画を立て、音頭をとるか」がポイントになります。この役割を担うのが商業テナントか商業施設運営管理会社です。つまり、商業系への賃貸を検討する場合は、商業テナントだけではなく、商業施設運営管理会社（商業デベロッパー、ゼネコン、商業コーディネーター、投資家など）も借主となりますから、彼らも借主として検討しないと不十分といえます。

　商業テナントは、商業店舗の立地について厳しい基準を持っています。まず出店場所として、駅前百貨店やビルのなかの区割りされた店舗に入居するテナント、ロードサイドの平屋店舗に入居するテナント、ロードサイドの大型商業施設の店舗に入居するテナントなどがあります。

　たとえばコンビニエンスストアはオフィスビルや駅ビルの一角にあ

る店舗や、ロードサイドの店舗に入居したりしています。アパレルショップは駅前百貨店や大型商業施設のなかの区割りされた店舗の一つに入居したりしています。スーパーマーケットやホームセンターは、ロードサイドの店舗や大型商業施設の店舗にメイン店舗として入居したりしています。

　出店場所として検討できるようであれば、店舗の面積、天井までの高さといった店舗に関する面や、エリアに住んでいる世帯数や家族構成、前面道路を通行する人の人数やクルマの台数、競合他社の出店状況といった商圏に関する面を確認します。これらの情報を常日頃から入手し、借主となる会社をリストアップする必要があります。なお、商業系の場合は、事務所系や倉庫系と違い、インターネットで借主を募集することはできにくいと考えてください。

◉その他

　ゴルフ練習場、水泳場、学校、病院、工場などへの賃貸が想定されます。ただし賃借ニーズが恒常的にあるわけではなく、個別性が非常に強いので、借主の探索は非常に困難です。

商業テナントの探索方法と
出店条件の一例

　前項で、商業テナントや商業施設運営会社への賃貸は、賃貸マンションやオフィス、倉庫と比べて借主探索の面で非常にむずかしいという説明をしました。これは商業テナントの社数が多いことと商業テナントの出店基準が各社によってまったくといっていいほど異なることが理由です。そこで、借主候補者のリストアップの仕方と出店条件の一例を紹介したいと思います。

◉リストアップの仕方

　1つ目は小売業売上高のランキングや業界毎のランキングでリストアップする方法です。ランキングは、新聞やインターネット、書籍などで発表されています。

　2つ目は「まちづくり三法」の1つである大規模小売店舗立地法という法律を利用する方法です（あと2つの法律は中心市街地活性化法と改正都市計画法）。

　大規模小売店舗立地法では、小売業を行なうための店舗面積合計が1000平方メートル超の大規模小売店舗の新設（変更も含む）をする場合、新設される店舗の所在地がある都道府県に届け出をしなければなりません。届出状況が各都道府県のホームページで公表されています。届出概要に小売業者名が記載されていますので、参考になると思います。

　届出概要をみると、たとえば店舗名がスーパーマーケットであっても小売業者名がスーパーマーケットの店舗名と同じ場合と見慣れない会社の場合があります。見慣れない会社の多くは商業施設運営会社です。つまり貸主や売主がスーパーマーケット用地として想定した場合、①スーパーマーケットが借主や買主になる場合、②スーパーマーケッ

トのグループ会社が借主や買主になり、グループ企業からスーパーマーケットへ賃貸する場合、③商業施設運営会社や投資家が借主や買主になりスーパーマーケットへ賃貸する場合、④フランチャイザーから屋号を借りて出店しているフランチャイジーが借主や買主になる場合、があるということです。

　店舗区画が多数ある大型商業施設やNSC（ネイバーフッドショッピングセンター、近隣ショッピングセンター）が想定されるような、敷地面積が広い土地の賃貸や売却の場合、商業施設運営会社や投資家が借主や買主になる場合が一般的です。社外への賃貸、社外への売却、いずれの場合でも、実際に出店する商業テナントだけではなく、商業施設運営会社や投資家へも検討初期段階からアプローチしておくことをお勧めします（次ページ**図表 3-7**、**図表 3-8**）。

　注意点としては、たとえばスーパーマーケット用地として想定し、スーパーマーケットX社に出店ニーズをヒアリングし、仮に出店できないと回答されたとしても、この回答だけで「スーパーマーケットの適地ではない」と判断してはいけません。X社にヒアリングしたのであれば、同業のY社、Z社にもヒアリングをするべきです。あとで触れるように各社によって、出店基準も異なりますし、商圏範囲も異なるからです。

　コンビニエンスストアも同様で、大手と呼ばれる企業だけではなく次順位の企業にもヒアリングをするべきです。また、社外への賃貸または社外への売却をしようとしている対象地の近くにコンビニエンスストアがあるからといって、コンビニエンスストアを借主候補者から外すことは避けます。もしかしたら近隣の既存店舗が老朽化や手狭で、移転を検討している可能性があるかもしれません。対象地のほうが優位であると判断されれば出店の可能性があります。極端な例では、道路交差点の手前か、交差点を渡ったところかで出店検討可否が変わることがあります。逆に、立地が良くてもタバコの販売免許が取得できない場合、出店はむずかしくなる場合があります。売上高が見込めな

図表3-7 ● 商業系が借主のパターン

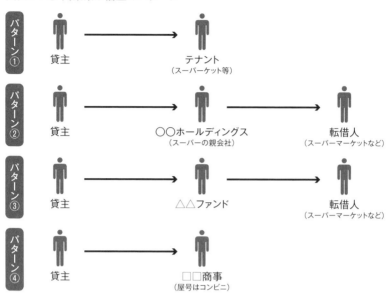

図表3-8 ● 商業系が買主のパターン

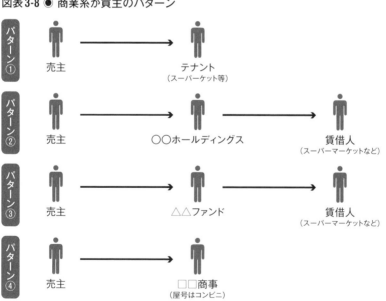

い場合は出店したくてもできないのです。

　商業テナントの業種によって商圏は異なります。コンビニエンスストアやスーパーマーケットの場合は半径500メートルから2キロメートル圏内、ホームセンターや商業モールの場合は半径10キロから20キロメートル圏内が調査範囲となるようです。

　商業テナントは、店舗出店担当者をエリアごとに割り当てています。対象地があるとまずは店舗出店担当者が判断します。担当者が無理だと判断すると上司に判断を仰ぐことはほとんどありません。ところが役員レベルでは、競合他社や極秘プロジェクトの有無により総合的な判断をされ、ゴーサインを出すことが往々にしてあります。また、店舗出店担当者は出店実績に応じて給料が決まりますので、少し工夫をしたら出店できる案件よりも、すぐに出店できる案件を重視する担当者もいます。ですから、きちんと判断できる人に対象地を紹介し、出店の可能性有無を確認する必要があります。

　可能であれば、さまざまな商業テナントや運営管理会社と日頃から接点を持ち、情報交換を行なうことをお勧めします。

●出店条件の一例
①コンビニエンスストア

　標準的な店舗面積は80坪から100坪程度です。これには商品を保管するバックヤード部分を含みます。従前はロードサイドに出店する形態が多かったのですが、最近はオフィスビル、物流倉庫、病院などの建物のなかに出店する事例が増えてきています。建物のなかに出店する場合、80坪の店舗面積を確保できない場合がありますので、20坪程度でも出店できるフォーマットを用意して、いつでも検討できるように備えているコンビニエンスストアもあります。

　最近はドラッグストアやカラオケ店と共同出店する場合もあり、そのような場合は100坪以上の面積が必要になります。注意点として、ローサイド店舗の場合、広い駐車場スペースを必要とするということ

です。とくに国道沿いの場合、大型トラックが駐車できるようなスペースが必要となります。

②ドラッグストア

標準的な店舗面積は300坪程度です。大規模小売店舗立地法（大店立地法）の届出面積が1000平方メートル（約300坪）超ですので、届出が不要な300坪以下で出店を加速しています。なお、大店立地法の届出が必要な店舗面積の算出方法は細かく定められています（経済産業省 http://www.meti.go.jp）。

③ホームセンター

店舗面積は3000坪、5000坪と巨大化しています。クルマでの来店を想定していますので、国道や県道沿いの土地に出店します。店舗面積が拡大した部分は商品のラインナップを拡大することで使用する場合もありますし、スーパーマーケットやレストランを誘致し複合商業施設化する場合もあります。コンビニエンスストアと同様、広い駐車場のスペースを必要とします。

最近は200坪程度の店舗面積で駅前立地のビルインタイプへの出店もしています。これは、駅前の分譲マンションのベランダでガーデニングを楽しむ人、高齢化が進むなか、手すりなどの介護用品を購入・設置する人のニーズに応えるためです。

④スーパーマーケット

店舗面積はさまざまです。徒歩や自転車で来店する近隣に住む人を対象としている店舗の場合、300から500坪程度です。日常の食生活を支える位置付けですので、駅ビルや駅前に店舗があります。惣菜などつくりたての商品を提供するために、調理場がガラスケースを通して見えるようにしていますが、最近はもう少し狭い店舗面積でも出店できるように、惣菜などは郊外の惣菜センターで調理し、各店舗へ配

送するシステムを構築することで、調理場やバックヤードをなくした
タイプの店舗も出てきています。また、独身の人が増えていることか
ら、コンビニエンスストアよりも少し広い店舗面積で、コンビニエン
スストアの品揃えに生鮮食品をプラスした店舗も出てきています。

⑤家電量販店

　家電量販店は大きく2つのタイプに分かれます。1つは駅前の大型
ビルに複数階のフロアで出店するタイプ、もう1つはロードサイドや
大型ビルの1フロア（もしくは一角）に出店するタイプです。前者の場合、
店舗面積は1000坪を大きく超えます。後者の場合、300から1000坪
程度です。

⑥フィットネスクラブ・スポーツクラブ

　フィットネスクラブやスポーツクラブといえば、以前は25メート
ルプール、トレーニングマシン、体操スペース、お風呂などをすべて
揃えた施設がほとんどでした。しかし最近はプールがない施設や、50
坪程度の店舗に最低限のトレーニングマシンだけ置くスタイルで出店
するなど、さまざまな形態があります。

⑦その他

　ロードサイドにある複合商業施設の場合、スーパーマーケットとド
ラッグストアの組み合わせ、ホームセンターとスーパーマーケットと
飲食店舗の組み合わせなど、さまざまな組み合わせが考えられます。
土地面積で3000坪以上になる場合が多いです。

　駅前にあるビルの場合、1階にコンビニエンスストアで2階以上を
住居、1階にスーパーマーケットで2階以上をオフィス、1階から最
上階まで飲食店など、さまざまな組み合わせが考えられます。ビルの
一角を数坪だけ借りる場合もあります。

「貸したら戻ってこない」は過去の話

　土地や建物を賃貸に出すことを検討する際に、「貸したら戻ってこない」というイメージを持つ人もいるようです。しかし、それは過去の話で、現在は状況が変わってきています。

　「建物の所有を目的とする」賃貸の場合、借地借家法で賃貸方法が定められていて、賃貸方法を大きく分けると、建物貸し（借家）と土地貸し（借地）があると説明しました（建物の所有を目的としない、たとえばコインパーキング運営や月極駐車場などの場合は借地借家法ではなく、民法が適用されます）。

　借地借家法には、**図表3-9**と86ページ**図表3-10**のような種類の権利が規定されています。

　昔は「建物を貸したら借主は退去してくれない」「土地を貸したら借主から返してもらえない」とか、「借主から土地や建物を返してもらうには相当の金銭（立退料）を支払わないといけなくなる」という話をよくしていたそうです。そのため、土地や建物は貸すものではないという考え方がありました。いまでもそのように考え、社外への賃貸は検討しないことにしている企業もあると聞くことがあります。

　これは、旧法借地制度が原因と考えられます。大正10年（1921年）に借地法、借家法（旧法借地制度）が制定されましたが、昭和16年（1941年）に改正された際、「正当事由制度」が追加されました。これにより、貸主に正当事由が認められないにもかからず貸主が契約の更新に応じない場合には、借地、借家の契約は従前内容のままで法定更新されることが認められ、借主保護が強化されたのです。これにより冒頭のような考え方が浸透しました。

　しかし、過度の借主保護は借地権の供給を妨げる大きな原因であるとし、借地法、借家法の抜本的な見直し要請が出てきました。平成4

年（1992年）に借地借家法が改正され、期限の定めがあり一定の条件下で契約の更新がない土地の賃貸借である「定期借地権等」と期間の定めがあり一定の条件下で契約の更新がない建物の賃貸借である「定期建物賃貸借等」が創設されました。

定期借地権と定期建物賃貸借の創設により、賃貸した土地もしくは建物が期間満了時に当然に貸主の元に戻るようになりました。これにより期間満了時の立退料も必要なく、貸主が安心して建物もしくは土地を賃貸することができるようになりました（現行の借地借家法「旧法借地制度」と区別するため、平成4年の改正以前を便宜上「旧借地借家法」と呼んでいます）。

また、社外へ賃貸してしまうと、金融機関が借入金の担保としてみなしてくれなくなるので、本業が傾いたときにいつでも資金化できるよう不動産は更地で持っていなければならない、という話も聞くことがあります。

本業が傾いたときに資金化したいのであれば、以前は更地でないと

図表3-9 ● 借家権の種類

権利の種類	概要	条文
①普通借家権	・正当事由制度、法定更新制度が適用される借家権 賃貸人からの解約申し入れには正当事由が必要、かつ申し入れから6か月を経過しないと賃貸借契約を終了できない ・物件用途：制限無し ・存続期間：1年以上～上限無し 1年未満の期間を定めた場合、期間の定めがないものとされる 2000年3月1日以前より存在する契約については、存続期間に上限がある（20年）	借地借家法 第26～37条 （主に27～29条）
②定期借家権	・契約の更新が存在しない借家権 2000年3月1日に改正施行された比較的新しい制度 ・物件用途：制限無し ・存続期間：制限無し（1年未満の短期間でも設定可能）	借地借家法 第38条

図表3-10 ● 土地を借りる権利の種類

権利の種類			概要	条文
借地借家法 （1992年8月1日施行）に**基づく権利** 建物の所有を目的とする借地契約・借家契約について定めた法律		①普通借地権	・正当事由制度、法定更新制度が適用される借地権（賃貸人に正当事由が認められない限り借地契約を終了できない） ・存続期間：30年以上で設定	借地借家法 第3～21条 （主に第3～6条）
	定期借地権	②一般定期借地権	・契約の更新、建物の築造による存続期間延長、借主による建物買取請求権が存在しない借地権 ・存続期間：50年以上で設定	借地借家法 第22条
		③事業用定期借地権	・利用目的を事業用建物所有に限定した定期借地権（居住用建物には設定不可） ・存続期間：10年以上50年未満で設定	借地借家法 第23条
		④建物譲渡特約付借地権	・30年以上経過時点で建物を地主に譲渡する特約を付した借地権 ・存続期間：30年以上で設定	借地借家法 第24条
借地借家法に**基づかない権利**		⑤建物所有を目的としない土地賃借権・地上権	・建物の所有を目的としていない土地利用権（駐車場、ゴルフ場用地など）	民法（土地賃借権） 第601～608条 （地上権） 第265～269条
		⑥一時使用目的の土地賃借権・地上権	・建物の所有を目的としているものの、それが一時的な使用を目的として設定される土地利用権（建設現場の飯場など）	
		⑦旧借地法の例による借地権	・現行の借地借家法の施行（1992年8月1日）より前から存続する借地権	旧借地法

買主はいなかったかもしれませんが、第5章で説明するように、現在は買主も多様化し、更地を求める買主もいれば、収益物件を求める買主もいます。もちろんマーケット動向により更地を求める買主が多い場合もあれば、収益物件を求める買主が多い場合もあります。

　貸付金の保全のために担保を設定する銀行としては、収益物件であっても、収益物件として売却し、売却代金で借入金を返済してもらうか、もしくは、いざとなれば抵当権を実行し売却して資金化、貸付金の回収ができるわけですから、担保としてまったくみなさないという姿勢は変わってきています。取引銀行に相談をしてみてください。

サブリースは仕組みを
よく理解して検討しよう

　遊休不動産の活用について、サブリースというものを提案されることがありますが、これはどのような仕組みかご存知でしょうか。

　賃貸マンション運営管理会社が、貸主と賃貸借契約を締結し、住居系の建物を一括で借り上げるときに、家賃保証という意味でよく使われる言葉がサブリースです。

　しかし、実は運営管理会社によりサブリースの仕組みは異なります。なかには「どこが家賃保証なのか」と首をかしげたくなるような仕組みもあるので注意が必要です。

　貸主は建物貸し（借家）を検討する段階で賃貸マンション運営管理会社や賃貸アパート運営管理会社に相談し、市場調査を任せ、どのような賃貸マンションや賃貸アパートを建築することがいいかの提案を受けます。提案を受けて貸主は賃貸マンションや賃貸アパートを建築し、建物が竣工すると貸主は住戸の全部または一部について、実際に入居者となる個人ではなく、運営管理会社と定期建物賃貸借契約を締結します。定期建物賃貸借契約以外に、建物の維持管理（BM業務、PM業務）についても委託契約を行なうケースが多いようです。

　運営管理会社を大別すると、

①建物建築請負の受注と定期建物賃貸借契約の締結を狙う会社（主にハウスメーカー。ハウスメーカーが建物建築を請負、グループ会社がBM業務やPM業務を受注することが目的）

②定期建物賃貸借契約の締結を狙う会社（建物建築請負は条件ではない。グループ会社がBM業務やPM業務を受注することが目的）

③既存住戸の定期建物賃貸借契約の締結を狙う会社（建物建築請負は条件

ではない。BM業務やPM業務の受注は必須ではない）

となります。

　貸主が市場調査、部屋の間取りの企画、カラーコーディネートなどを行なう場合や既存の住戸を一括賃貸したい場合は③の会社に相談することになりますが、賃貸マンションや賃貸アパートを新築する場合は、①または②の会社に相談するケースが多いようです。

　ここで、サブリースについて説明します。

　一般的にいわれるサブリースは「マスターリース」と「サブリース」を組み合わせた方式のことを指しているケースがほとんどです。マスターリースとは、貸主と借主のあいだで住戸の全部または一部を賃貸借する定期建物賃貸借契約のことです。サブリースとは、借主と第三者（主に個人）とのあいだで個別に結ばれる賃貸借契約（貸主の立場からみると転貸借契約）のことです。貸主は建物所有者、借主は運営管理会社、第三者は実際に入居者となる個人となります。

　多くの貸主は「サブリース（実際にはマスターリース）」＝「賃貸借契約期間の数十年、まったく変わらない金額が運営管理会社から貸主に毎月支払われるスキーム」というイメージをお持ちですが、多くの運営管理会社が提示するサブリースの仕組みはまったく違います。運営管理会社によっても仕組みが異なるようです。何を保証してくれているのか、定義を必ず確認してください。

　たとえば、部屋が10戸、各部屋の入居者が支払う家賃が10万円、運営管理会社の管理手数料が20%とします。貸主が受け取る金額はいくらでしょうか。

　多くの貸主がイメージするサブリースの仕組みでは、

10万円　×　10戸　×　（1－20%）　＝　80万円

となります。

空室リスクや賃料の変動リスクの負い方だけではなく、事業収支表の吟味、入居者の募集力、賃料設定力、サブリースの中途解約条項、修繕や大規模修繕の実施自由度などについても確認が必要

　この式は正解ともいえますし、不正解ともいえます（**図表3-11**）。

　運営管理会社によっては、家賃10万円を想定していたが今月は8万円でしか契約できなかったので、

　8万円　×　10戸　×　（1−20%）　＝　64万円

を今月は支払うという仕組みを提示します。

　さらに別の運営管理会社によっては、実際の入居戸数にもとづき計算するので、今月は実際の入居戸数が8戸だったので、

　8万円　×　8戸　×　（1−20%）　＝　51万円

を今月は支払うという仕組みを提示します。

　つまり、入札のときに運営管理会社が貸主に提案した家賃と実際の家賃が異なる場合のリスクや、入居戸数の変動（入居率）リスクを運営管理会社が負うのではなく、リスクはすべて貸主に転化するような仕組みを、家賃保証＝サブリースといい、貸主に提案している運営管理会社があります。株式上場をしている運営管理会社でも貸主にリスク

をすべて負わせるような仕組みをサブリースといって提案しているケースがありますから、注意してください。

　また、サブリースについては、もう一つ注意すべき点があります。

　定期建物賃貸借期間は何年間で提案されましたか。

　20年ですか？　30年ですか？　運営管理会社側から中途解約をする条件はついていませんか？

　賃貸マンションや賃貸アパートの建物は貸主の所有物です。建物竣工後10年、15年と経ていくと建物は老朽化しますし、賃貸マンションや賃貸アパートとしての魅力を高めるために大規模修繕が必要になります。一般的には運営管理会社から「いついつ大規模修繕してください」という連絡があります。このとき貸主に資金がなく数年待って欲しいと言ったとき、貸主による履行義務違反で定期建物賃貸借契約を解約されてしまう場合があります。

　また、言われた時期に大規模修繕を行なうにしても、運営管理会社が指定する工事会社で修繕をしないと認めないという条件が付されている場合があります。この場合、相見積もりができないので、大規模修繕費は安くなりません。運営管理会社が指定する工事会社は運営管理会社のグループ会社か、運営管理会社と取引関係のある会社である場合がほとんどです。指定された工事会社で修繕をしなかった場合も、貸主による履行義務違反で定期建物賃貸借契約を解約されてしまいます。

　こうしたことは運営管理会社にとって、サブリースの実績として、低い平均空室率を出すために必要なのです。

　平均空室率は全管理戸数に対する空室の割合です。運営管理会社は毎年多くのサブリースを受託しています。分母である管理戸数は増えていきます。築年数が浅ければ空室は少ないでしょうから、低い空室率を維持できるでしょう。

　ところが、築年数が経った賃貸マンションや賃貸アパートの空室率は高まる傾向にあります。低い平均空室率を維持するためにはどうす

ればいいでしょうか。空室率の算定式の分母の数を減らせばいいのです。つまり、築年数が経った建物の定期建物賃貸借契約を解除するか、当初契約した期間終了後に再契約をしなければいいというわけです。

　サブリースをする場合は、毎年の新規受託実績、管理戸数の推移、定期建物賃貸借契約（サブリース）の平均契約年数を確認することをお勧めします。

The Essential Guide to
Corporate Real Estate

第 4 章

社外への賃貸を実施するときに
押さえておくべきポイント

賃貸方法は大きく2つ

　ここまでにも触れてきたように、賃貸方法を大きく分けると、「建物貸し（借家）」「土地貸し（借地）」「その他（コインパーキングなど）」となります。賃貸方法により借主が変わります。

　「建物の所有を目的とする」建物貸し（借家）と、「建物の所有を目的とする」土地貸し（借地）については、借地借家法で賃貸借方法、賃貸借期間などの条件が定められています。その他（建物の所有を目的としない場合など。たとえば月極駐車場やコインパーキング運営）は、借地借家法ではなく民法にもとづいて決めることになります。建物の所有を目的とするかしないかがポイントです（**図表4-1**）。

図表4-1 ● 建物貸しと土地貸しのイメージ

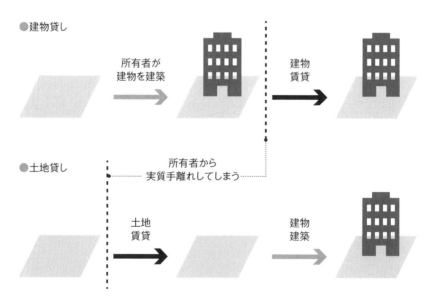

●建物貸し

所有者が
建物を建築

建物
賃貸

●土地貸し

所有者から
実質手離れしてしまう

土地
賃貸

建物
建築

企業が社外への賃貸を実施する場合は、貸主である企業が建物を建築し、建築した建物を借主に賃貸するという方法（建物貸し＝借家）と、貸主が更地を借主に賃貸し、借主が建物を建築するという方法（土地貸し＝借地）の場合がほとんどですので、この2つについて本章で詳しく説明したいと思います。

●建物貸し（借家）

　「借家権」は貸主が所有している建物を借主に貸すこと、借主が貸主から借りることで、建物の賃借権のうち借地借家法（以下、法）の適用を受けるものをいいます。

　建物貸しの種類は「（普通）建物賃貸借」「定期建物賃貸借」「取り壊し予定の建物の賃貸借」「一時使用目的の建物の賃貸借」（法第40条）が定められています。「使用貸借」や「一時使用の賃貸借」の場合は借地借家法の適用外となり「借家権」とはなりません。

　定期建物賃貸借は、公正証書などの書面により契約し、契約を更新しない旨を定めることにより「正当な事由」の有無にかかわらず事前通知（期間満了の1年〜6か月前）により、当初定めた契約期間が満了すると確定的に契約が終了します。ただし、借家期間を1年未満と定めた場合には期間を定めなかったものとみなされるので注意が必要です。

　従前からある「（普通）建物賃貸借」を選択することも可能ですが、借主保護の考えが色濃く残っている制度です。企業が建物貸し（借家）をする場合、賃貸借契約期間の定めがある「定期建物賃貸借」を利用することが多いようですので、この制度に絞って説明をします。ただし、行政からの補助金や助成金を受ける老人ホームなどのシニア施設運営管理会社への建物貸し（借家）を検討するときは、（普通）建物賃貸借での賃貸借契約締結が条件になる場合があります。定期建物賃貸借と異なり、期限の定めがありませんので、注意が必要です。

●土地貸し（借地）

「借地権」とは、貸主が所有している土地を借主に貸すこと、借主が貸主から借りることで「建物の所有を目的とする地上権または土地の賃借権」のこと（法第2条1項）です。実際は地上権の例は少なく、ほとんどが賃借権です。

土地貸しの種類は「（普通）借地権」「定期借地権」「事業用定期借地権」「建物譲渡特約付借地権」「一時使用目的の借地権」があります。

従前からある「（普通）借地権」を選択することも可能ですが、（普通）建物賃貸借と同様、借主保護の考えが色濃く残っている制度です。企業が土地貸し（借地）をする場合、「専ら事業の用に供する建物の所有を目的とし」「契約の更新及び建物の築造による存続期間の延長がなく」定められた契約期間で確定的に借地関係が終了する「事業用定期借地権」を利用することが多いようですので、この制度に絞って説明をします。

なお、事業用定期借地権の賃貸借契約は公正証書によって契約することが、借地借家法で定められています。

SECTION
4-2

建物貸し（借家）と土地貸し（借地）のどちらを選択するか

　企業として建物貸し（借家）と土地貸し（借地）のどちらの貸し方を希望するか、借主は建物貸し（借家）と土地貸し（借地）のどちらの借り方を希望するか、両面から検討する必要があります。

●貸主の観点

　建物貸し（借家）は、建物建築費などの初期投資負担や建物維持管理費負担が生じますが、一般的に月額賃料は土地貸し（借地）よりも多くなります。ただし、建物竣工後に賃貸借契約が開始しますので、月額賃料の受取開始日が土地貸し（借地）よりも遅くなります。初期投資費用を手元現金で賄うのか、銀行からの借入金で賄うのか、借主からの建設協力金で賄うのかも決めます。

　建設協力金とは商業テナントなどの借主から資金を預かることです。貸主はこの資金を元に建物を建築します。預かった資金は無金利で、賃貸借契約期間中の均等割返済の場合が一般的です。以前は建築資金100％の建設協力金を受け取れる場合もありましたが、現在は全額受け取れることはほとんどなくなりました。

　注意すべきはいずれ建物解体を貸主の費用負担で行なわなければならないということです。一方で、減価償却費を財務諸表に計上することができますので、タックスシールド効果があります。

　土地貸し（借地）は、建物建築費の負担がないため初期投資負担額が少なくて済みますが、一般的に月額賃料は建物貸し（借家）よりも少なくなります。ただし、建物建築をしない分、月額賃料の受取開始日が建物貸し（借家）よりも早くなります。

◉借主の観点

建物貸し（借家）のみを検討できる借主候補者、土地貸し（借地）のみを検討できる借主候補者、いずれでも検討できる借主候補者があります。

賃貸マンションや賃貸アパートなど住居系への土地貸し（借地）の場合、借地借家法で「事業用定期借地権」は「居住の用に供するものを除く」と定められていることから、「（普通）定期借地権」での賃貸借契約となります。（普通）定期借地権の場合、賃貸借契約期間が50年以上となること、賃貸借契約期限が到来しても当然に返還されない可能性があることから、貸主が土地貸し（借地）を選択するケースは多くないと思われます。

事務所系や倉庫系の場合、借地借家法では建物貸し（借家）、土地貸し（借地）のいずれでも可能ですが、実務上は建物貸し（借家）を希望する場合がほとんどです。

図表4-2 ◉ 建物貸しと土地貸しの比較

（貸主）	建物貸し（借家）	土地貸し（借地）
初期投資	あり	なし
建物維持管理費	あり	なし
月額賃料	多い	少ない
月額賃料受取開始	遅い	早い
減価償却計上	可	不可

（借主）	建物貸し（借家）	土地貸し（借地）
住居系	可	限定的
事務所系	多い	少ない
倉庫系	多い	少ない
商業系	多い（テナントによる）	多い（テナントによる）

商業テナントの賃借方法は、

①建物借りのみ検討する
②土地借りのみ検討する
③建物借り、土地借りの両方を検討する

の3つがありますが、業態、各社の方針、検討する時期、不動産マーケット環境、建物建築費などによってどの方法を希望するか変わります（**図表4-2**）。

　貸主が建物貸し（借家）を希望する場合、①と③の方法を検討できる商業テナントが借主となります。

　コンビニエンスストアやドラッグストアは建物貸し（借家）を希望しますが、土地貸し（借地）でも検討できる場合があります。郊外型のスーパーマーケットやホームセンターの場合は土地貸し（借地）を希望しますが、建物貸し（借家）でも検討できる場合があります。

　建物貸し（借家）でも、

・商業テナント仕様で建築した建物を貸主に建築してもらい入居する
・建築された建物の店舗区画の一部に入居する

という方法があります。店舗区画の一部に入居するテナントは、飲食店やアパレルなどがあります。

　貸主が土地貸し（借地）を希望する場合、②と③の方法で検討できる商業テナントが借主候補となりますが、工夫によっては第三者が借主になったうえで、第三者が建物を建築し、その建物を商業テナントに転貸するという方法（貸主にとっては土地貸し＝借地だが、商業テナントにとっては建物借り）もあります。デベロッパーや投資家が第三者の役割を担います。

　数年前は建物貸し（借家）を希望する商業テナントが多かったのです

が、スーパーマーケットなど比較的長期間の賃貸借契約を締結する会社は、賃貸借期間中に生じる店舗リニューアル工事を貸主に追加負担させたくないなどの意向から土地貸し（借地）を希望する会社が増加しています。

　賃貸を実施する際は、不動産マーケット環境や各社の意向を踏まえて、建物貸し（借家）か土地貸し（借地）かを判断することをお勧めします。

賃貸借契約期間は何年か

　借地借家法で、賃貸方法により賃貸借期間が定まっています。その期間のなかで、貸主として何年間の賃貸借契約期間を設定するかを決めます。将来自社で使用する予定があるかどうかも確認します。

　他方、借主が求める賃貸借契約期間も異なります。賃貸マンションや賃貸アパートを建築して運営管理会社に建物貸し（借家）する場合、賃貸借契約期間は20年程度です。サービス付き高齢者向け住宅や老人ホームなどのシニア系施設のうち、行政からの補助金助成を事業運営管理会社が検討している場合は30年程度以上の長期的な賃貸借契約期間となるケースがほとんどです。

　事務所系は、2年から5年程度となります。

　倉庫系は、マルチ型（複数のテナントに対して賃貸する汎用性のある物流施設）の場合は2年から5年程度となりますが、BTS型（Build To Suit。特定のテナントの要望に応じてオーダーメイドで建設され、賃貸される物流施設）の場合は7年から10年程度となります。

　商業系は、2年から20年程度と商業テナントによって大きく変わります。中長期を求める商業テナントの場合は、賃貸借契約期間終了後に再契約を求めてくる場合がありますので、結果的に賃貸借期間が数十年となる場合があります。

　将来、収益物件として売却する場合、借主との賃貸借契約の残存期間が中長期であるほうが買主を探索しやすいという面があります。

複数契約を認めるか

　建物貸し（借家）にせよ、土地貸し（借地）にせよ、借主は通常1社ですが、対象地の面積が広く、借主1社で使いきれない場合は、借主が2社、3社、10社になる場合もあります（賃貸マンションや賃貸アパートを自社で入居者を募集する場合は、数十になる可能性があります）。

　そのときに、

・借主各社と賃貸借契約を締結する（貸主1対借主複数）
・借主を代表する1社に賃貸し、その借主から各社へ転貸してもらう
（貸主1対借主1対転貸先複数）

図表4-3 ◉ 複数契約のイメージ

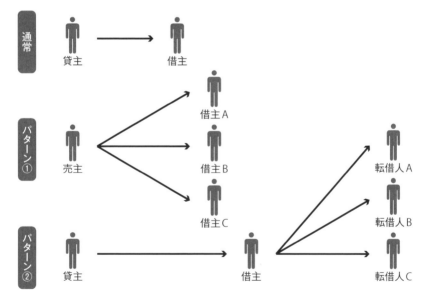

のどちらの方法を選択するかを決める必要があります（**図表4-3**）。

　貸主1対借主複数の場合、借主探索、面積配分などのコーディネート、賃貸借契約管理など、貸主に負荷がかかります。

　貸主1対借主1対転貸先複数の場合、代表する借主を探索すればいいだけですし、賃貸借契約も1つですので、貸主の負荷は軽減されます。ただし、借主と転貸先がどのような転貸借条件を締結しているのかがわかりませんし、転貸先を管理する手間賃を賃料から差し引かれているかもしれません。

　複数契約を認めるか認めないか、選択肢によって生じる負荷についても考慮することが重要です。

　なお、転貸先の探索は借主が行ないますので、貸主として賃貸したくない企業や業種も転貸先になる可能性があります。あらかじめ、転貸先として不可の企業や業種は明示しておきましょう。

賃貸を実施するときは3つの期間で考える

　「社外への賃貸を実施するときに、3つの期間で考えましょう」と話すと多くの方から変な顔をされます。多くの企業は、社外への賃貸の期間＝賃貸借契約の期間とイメージされているようです。

　しかし、社外への賃貸を実施するときは、賃貸借契約期間中のことだけではなく、賃貸借契約期間の前と、賃貸借契約期間の後の期間についても考えておく必要があります。

　便宜的に、賃貸借契約期間前を「準備期間」、賃貸借契約期間中を「運営期間」、賃貸借契約期間後を「クロージング期間」と呼ぶことにします。

　建物貸し（借家）と土地貸し（借地）では、それぞれの期間で検討すべきポイントが異なりますので、それぞれ説明します。

◉建物貸し（借家）

　建物貸し（借家）は、貸主が更地に建物を建築し、建物が竣工した後に借主と賃貸借契約を締結し賃貸借契約が開始します。賃貸借契約が開始する前までが「準備期間」、賃貸借契約が開始してから終了するまでが「運営期間」、賃貸借契約が終了し建物を解体し更地に戻すまでが「クロージング期間」となります（**図表4-4**）。

　準備期間に実施することは、社外へ賃貸しようとしている不動産が住居系に適しているのか、倉庫系に適しているのか、商業系に適しているのかという建物用途の判断、建物用途ごとの借主の想定、借主の探索、土地の測量、借主に応じた建物の計画、建物の設計、建物の建築、賃貸借契約の締結などがあります。

　運営期間に実施することは、借主からの月額賃料の徴収、建物の清

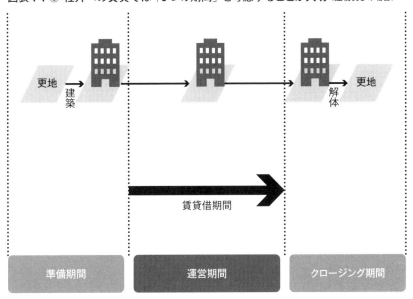

図表4-4 ● 社外への賃貸では「3つの期間」を考慮することが大切（建物貸しの場合）

更地

建築

賃貸借期間

解体

更地

準備期間　　運営期間　　クロージング期間

掃、建物設備のメンテナンス、修繕、大規模修繕、借主退去時の敷金清算などがあります。

　クロージング期間に実施することは、建物の解体や杭引き抜きなどがあります。

　準備期間とクロージング期間は賃貸借契約期間ではありませんので、月額賃料は入ってきません。一方で測量、建物設計、建物建築、建物解体など、多額の費用が生じます。

◉土地貸し（借地）

　賃貸する準備が整っていれば、賃貸借契約を締結してすぐに賃貸借契約を開始することができます。建物貸し（借家）同様、賃貸借契約が開始する前までが「準備期間」、賃貸借契約が開始してから、土地が借主から返還され終了するまでが「運営期間」となります。実質、「クロージング期間」はありません（次ジ**図表 4-5**）。

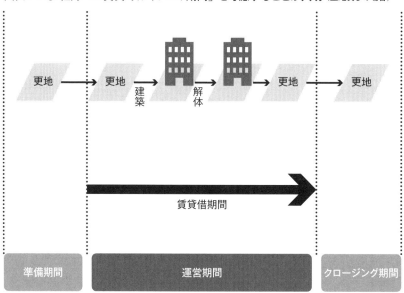

図表4-5 ● 社外への賃貸では「3つの期間」を考慮することが大切（土地貸しの場合）

準備期間に実施することは、社外へ賃貸しようとしている土地が商業系に適しているのか、倉庫系に適しているのかという建物用途の判断、建物用途ごとの借主の想定、借主の探索、土地の測量、土壌汚染調査などがあります。

運営期間に実施することは、借主からの月額賃料の徴収程度です。

クロージング期間に実施することは、賃貸借開始前の状態に戻されているかを確認することなどがあります。

準備期間やクロージング期間は賃貸借契約期間ではありませんので、月額賃料は入ってきません。建物の計画、建物設計、建物建築、建物解体などがない分、準備期間やクロージング期間は建物貸し（借家）よりも短くなることが一般的です。建物建築や建物解体がない分、貸主が負担する費用は抑えられます（土壌汚染改良費が必要な場合、期間や費用については一概には言い切れません）。

事業収支表を作成する

　主な収入項目と主な支出項目には以下のようなものがあります。なお、事業収支表に記入する際は、毎月受け取ったり支払ったりするものについては年額換算してください。

◉主な収入項目

・月額賃料（空室率の考慮が必要）
・共益費
・駐車場代
・敷金運用益
・土地売却代金

◉主な支出項目

・土地購入費
・不動産取得税、登録免許税、固定資産税、都市計画税
・公図や登記事項証明書の交付請求費用
・登記費用
・建物解体費
・地中埋設物や障害物の除去費用
・境界確認・確定費用
・測量費
・土壌汚染調査費
・土壌汚染改良費
・建物設計費（建物貸しの場合）
・建物建築費（建物貸しの場合）

- 修繕費（建物貸しの場合）
- 設備更新費（建物貸しの場合）
- 建物維持管理費（建物貸しの場合）
- 大規模修繕費（建物貸しの場合）
- 一般管理委託費（建物貸しの場合）
- 建物管理委託費（建物貸しの場合）
- 火災保険料、損害保険料
- 借入金利息
- 建物解体費（建物貸しの場合、地中杭の引き抜きを含む。建物貸しの場合）
- 賃貸借仲介手数料
- コンサルティング費用

　注意すべき点は、前項で説明した「準備期間」と「クロージング期間」に必要な費用も考慮した事業収支表を作成することです。
　また、次の２点についても考慮が必要です。
　１つ目は現金の出入りの観点で事業収支表を作成するのか、減価償却費などの非現金の出入りも加味した観点で事業収支表を作成するのかということです。
　２つ目は建物貸し（借家）にしても土地貸し（借地）にしても、土地の評価額を加味するかどうかです。土地の価値はゼロではありません。過去に購入した遊休地であっても簿価が計上されているはずです。経営者の立場で見た場合、土地も大切な経営資源です。もし土地の評価額を加味したときの事業収支上の収益が、土地を売却して得た資金を他の事業に投資したときに得られる収益よりも少ないようであれば、社外への賃貸を行なう必要があるのか、立ち止まって慎重に検討をする必要があります。
　また、事業収支表の主な収入項目である月額賃料についても、十分な検討が必要です。
　賃貸マンション、賃貸アパート、賃貸オフィスビルは、およその賃

料マーケットデータが公開されていますが、それでも、駅からの距離、間取り、ビルのグレードやワンフロアの面積、時期により大きく変わります。

たとえば、東京駅前の丸の内地区にある新築オフィスビルは現在月額1坪あたり4万〜5万円前後ですが、いわゆるリーマンショック前は10万円前後でした。リーマンショック後は2万円台の時期もありました。

商業施設やBTS型倉庫は特殊性が高く、およその賃料相場というものはありません。また築年数が経つにつれ空室率が高まることも考慮する必要がありますし、大規模修繕を実施するために一定期間、賃貸できない可能性も考慮する必要があります。

◇　　　　◇　　　　◇

次ページ以下に掲載した事業収支表（**図表4-6**、**図表4-7**）のサンプルのエクセルシートを、下記からダウンロードできるように用意しましたので、ぜひとも参考にしてください。

https://www.sogoconsul.com

図表4-6 ● 事業収支表 (借家)

借家		-2年	-1年	1年	2年	3年	4年	5年	6年	7年	8年	9年	10年	11年	12年	13年
収入	賃料															
	(稼働率)															
	共益費															
	(稼働率)															
	駐車場代															
	(稼働率)															
	敷金運用益															
	(収入小計)	0	0	0	0	0	0	0	0	0	0	0	0	0	0	
支出	土地購入費															
	不動産取得税															
	登記費用															
	抵当権設定費用															
	測量費															
	土壌汚染除去費															
	建築費															
	設計監理費															
	登録免許税															
	固定資産税 (土地)															
	固定資産税 (建物)															
	消費税															
	事業税															
	修繕積立金															
	一般管理委託費 (PM)															
	建物管理委託費 (BM)															
	仲介手数料															
	火災保険料															
	損害保険料															
	貸倒準備金															
	修繕費															
	水道光熱費															
	借入金利息															
	建物解体費用															
	(支出小計)	0	0	0	0	0	0	0	0	0	0	0	0	0	0	
	事業収支	0	0	0	0	0	0	0	0	0	0	0	0	0	0	
	減価償却費 (建物)															
	減価償却費 (建物付属設備)															
	減価償却費 (更新)															
	償却後利益															

事業収支利回り (NOI)

IRR

14年	15年	16年	17年	18年	19年	20年	21年	22年	23年	24年	25年	26年	27年	28年	29年	30年	+1年	+2年
0	0	0	0	0	0	0	0	0	0	0	0	0	0	0	0	0	0	0
0	0	0	0	0	0	0	0	0	0	0	0	0	0	0	0	0	0	0
0	0	0	0	0	0	0	0	0	0	0	0	0	0	0	0	0	0	0

図表4-7 ● 事業収支表 (借地)

借地		-2年	-1年	1年	2年	3年	4年	5年	6年	7年	8年	9年	10年	11年	12年	13年
収入	借地料															
	(稼働率)															
	駐車場代															
	(稼働率)															
	敷金運用益															
	(収入小計)	0	0	0	0	0	0	0	0	0	0	0	0	0	0	0
支出	土地購入費															
	不動産取得税															
	登記費用															
	抵当権設定費用															
	測量費															
	土壌汚染除去費															
	固定資産税 (土地)															
	事業税															
	仲介手数料															
	火災保険料															
	損害保険料															
	貸倒準備金															
	水道光熱費															
	借入金利息															
	(支出小計)	0	0	0	0	0	0	0	0	0	0	0	0	0	0	0
事業収支		0	0	0	0	0	0	0	0	0	0	0	0	0	0	0

事業収支利回り (NOI)

IRR

14年	15年	16年	17年	18年	19年	20年	21年	22年	23年	24年	25年	26年	27年	28年	29年	30年	+1年	+2年
0	0	0	0	0	0	0	0	0	0	0	0	0	0	0	0	0	0	0
0	0	0	0	0	0	0	0	0	0	0	0	0	0	0	0	0	0	0
0	0	0	0	0	0	0	0	0	0	0	0	0	0	0	0	0	0	0

NOIとIRRの計算方法とベンチマーク

　「準備期間」「運営期間」「クロージング期間」を考慮した事業収支表を作成したら、経営の視点で、その賃貸を行なったほうがいいか、賃貸は行なわず他の事業を行なったほうがいいかの判断をする必要があります。比較の方法はいくつかありますが、NOI（Net Operating Income）や IRR（Internal Rate of Return）という利回りを用いることが多いようです（**図表4-8、図表4-9**）。

　NOI の算出は次の算定式で行ないます。

$$\text{NOI 利回り} \ = \ \text{NOI} \ \div \ \text{簿価}$$

図表4-8 ● NOIの構成要素と算出の仕方

NOIとは
・収入 (賃料) から、実際に発生した経費 (管理費、固定資産税など) のみを控除した、事業からの純粋なCFを指す重要KPI
※減価償却費のような支出を伴わない費用、支払利息のような金融費用、更新費などの資本的支出は控除しない

NOI利回りとは
・対象資産の資産価値に比べたキャッシュフロー創出力を把握するKPI
・NOI利回り＝NOI／簿価
・J-REITなどは個別物件に関して公表しているため、ベンチマークとして検証するなどの活用がされている

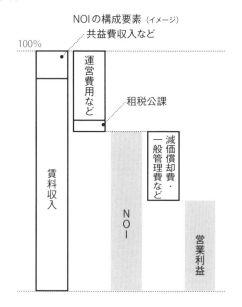

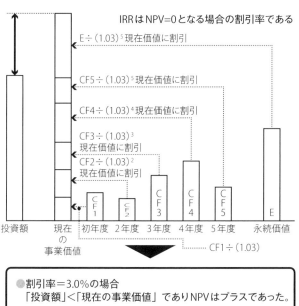

●割引率＝3.0%の場合
「投資額」＜「現在の事業価値」でありNPVはプラスであった。

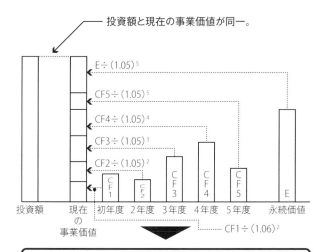

●割引率＝5.0%の場合
「投資額」＝「現在の事業価値」でありNPV＝0であった。

「現在の事業価値」＝「投資額」、つまりNPV＝0の状態になる割引率がIRRであり、この事業計画のIRRは5・0％と表現される

IRRの算出は一般的な電卓では計算できませんので、エクセルを用いて算出します。

　算出したNOIやIRRが、企業の資本コストの代表的な計算方法であるWACC（Weighted Average Cost of Capital＝借入にかかるコストと株式調達にかかるコストを加重平均したもの）を超えていることは大前提です。資本コストを下回る事業に投資することは経済合理性がありません。

　次に、他企業が実施している同じような賃貸事業（たとえば、賃貸マンション運営）の利回りと比較して劣後していないことを確認します。劣後している場合は、収入が少ないのか、費用が高いのか、原因を確認します。原因を解消できないようであれば、その事業を行なうべきか、立ち止まって慎重に検討をする必要があります。

SECTION 4-8 人口増減率、高齢化率などの 公開データの活用

　事業収支表を作成してNOIやIRRを計算するほかに、検討している賃貸事業の将来性を予測する方法として、公開されているデータを活用する方法があります。たとえば以下のデータは無償で入手することが可能です。

・国立社会保障・人口問題研究所　「将来人口推計人口・世帯数」
・国立社会保障・人口問題研究所　「高齢化率予測」
・国土交通省　「新設貸家戸数推移」
・経済産業省　「大規模小売店舗立地法」新設届出件数

　賃貸マンションや賃貸アパートを検討する場合、運営期間が20年を超えることは一般的です。新築当初は満室になるかもしれませんが、築年数が経つにつれて借主を確保することはむずかしくなります。そのような状況で、人口が減少すると予想される場所では、現状よりもさらに借主を確保することがむずかしくなると容易に想像できます。

　公開されているデータを活用することで将来を予測し、可能な限りリスクを低減する方法を検討しましょう。

賃貸に伴って生じる業務は
自社でできるか

　社外へ賃貸するとき、借主を探索して賃貸借契約を締結すれば、賃貸借契約終了まで、貸主は何もしなくていいわけではありません。「一括借り上げ」という言葉もあるようですが、その場合でも貸主が行なわなくてはならない業務があります。

　社外へ賃貸するときに必要となる業務としては、プロパティマネジメント業務（PM業務。入居者管理ともいわれます）とビルマネジメント業務（BM業務。建物管理ともいわれています）があります。

　PM業務とは、建物の維持・管理業務、借主の探索、賃貸借条件交渉・契約締結、賃料・共益費の請求・回収、クレーム対応などです。

　BM業務とは、修繕計画の策定・実行、改修の計画・実行、防火管理、清掃業務、警備業務、設備管理、駐車場管理等です。

　また、似たような言葉で、ファシリティマネジメント業務（FM業務）とアセットマネジメント業務（AM業務）があります。

　FM業務とは、国際標準化機構から国際規格としてISO41001が発行され、「企業・団体等が組織活動のために、施設とその環境を総合的に企画、管理、活用する経営活動」と定義されています。つまり、PM業務やBM業務と異なり、関係者が実施する事柄に対して、経営の観点から管理することが中心となります。

　AM業務とは、資産の管理・運用を所有者に代わって行なうことです。

　PM業務、BM業務、AM業務について明確な定義はなく、各業務の区切りはありませんので、業務が重複している場合があります。また、たとえばBM業務には清掃業務が含まれていますが、現場で清掃を行なう作業員を企業が抱えて実施する場合もありますし、清掃業

務を行なう専門の会社へ業務委託することもあります。

　社外への賃貸の場合、原則として貸主がPM業務とBM業務を行ないます（以下、自社運営）。

　業務を行なうことは可能だが対応する人員が不足している場合や、業務を行なう知見がなく専門の会社に委託せざるを得ない場合があります（以下、他社運営）。

　業務委託範囲は貸主によって異なりますが、貸主の社内にPM業務、BM業務を行なえる人材がいるか、品質は他社と比べて劣後していないか、費用対効果を考えると他社運営にしたほうがいいかなど、さまざまな角度から検証する必要があります。

　たとえば、賃貸マンションの一室を入居者に賃貸する、複数の商業テナントが入居する施設の一区画を商業テナントに賃貸するなど、貸主が建物一部を借主に賃貸する場合、建物全体のPM業務、BM業務を貸主が行なう必要があります（もしくは専門の会社に委託する必要があります）。

　一方で、賃貸マンション全体を賃貸する、商業テナントに賃貸するなど、貸主が建物全体を借主に賃貸する場合、借主がPM業務やBM業務を受託するケースがあります。

　社外へ賃貸するときに生じる業務をどこまで貸主が行なえるか、組織体制は整っているかなどを考慮して、賃貸方法や借主を決めていく必要があります。

　PM業務を受託する会社（PM会社）は、入居者募集、入居者対応窓口、家賃管理、賃貸借契約管理、館内規則・細則・セキュリティマニュアル・資産区分表の作成などを行ないます。BM業務を受託する会社（BM会社）は、建物設備管理、清掃、警備、環境、駐車場管理をします。

　貸主がPM会社やBM会社へ委託することも、清掃や警備を行なうそれぞれの会社に個別に委託することも可能ですが、PM会社へ委託すると、貸主にとっての窓口はPM会社一社となり、各会社間の調整などはPM会社が行ないます。

PM 会社と BM 会社は別々に選定してもいいのですが、PM と BM の両方の業務を行なっている会社を選定するとメリットがあります。

　たとえば、誰かが建物設備を壊した場合、入居者対応窓口となる PM 会社が通報を受けます。建物設備に関することですので、通報を受けた PM 会社は BM 会社に連絡をします。BM 会社は資産区分や修繕計画などを元に、補修を行なうべく補修会社を手配します。BM 会社は PM 会社に状況を報告し、PM 会社は貸主に報告をします。

　このやり取りのあいだ、PM 会社と BM 会社は緊密な連携を取らなければなりませんので、同一の会社であると連携が取りやすくなります。また、通報者や貸主への報告についても「BM 会社には連絡済みです」「BM 会社からの回答待ちです」という対応も少なくなると思われます。

　PM 会社により借主への対応の方法は異なります。PM 会社や BM 会社を選定する際は、ゼネコンのグループ会社か、ファンド物件を多数管理していない会社かなどを確認するといいでしょう。

　社外への賃貸の経験が少ない企業は、PM 業務、BM 業務を他社運営できるスキームづくりをすることをお勧めします。

SECTION 4-10 賃貸する建物は マルチかBTSか

　建物貸し（借家）を実施する場合、どのような建物を建築するかを決める必要があります。その際には、貸主がマーケットを調査し、貸主の判断で建物を設計し建築する場合と、借主が希望する建物を建築する場合があります。

　貸主の判断で建物を設計し建築する場合、どのような設備が好まれるのかなどマーケティングリサーチを行なう必要があります。そして建物を計画・設計し、設計した建物の建築に強みを持つゼネコンを探索し、建築を発注します。建物竣工後、借主を募集し、賃貸借契約を締結します。その後、毎月賃料を回収します。複数の借主との賃貸借契約を管理しなければなりませんし、貸主が建物の維持管理を行なう必要がありますので、手間が非常にかかります。

　社外へ賃貸する経験が少ない企業は、借主を想定してから、もしくは借主が決定してから建物を建築する方法をお勧めしますが、以下では、建物の種類別に考え方のポイントを解説します。

◉住居系

　賃貸マンションや賃貸アパートは、間取りや部屋の広さがおよそ決まっているので、対象地周辺のエリアを調査し、借主を想定し、設計会社に依頼し、建物を建築する方法があります。この場合、貸主が借主を探索し、賃貸借契約を締結し、管理するという賃貸方法になります。

　運営管理会社に賃貸することを検討している場合は、運営管理会社が「自社が高い業務ノウハウを活かすことができる建物」を貸主に建築してもらって賃借することが前提になっている場合がほとんどです。

ですから、貸主は建物図面を作成する前に運営管理会社に相談し、賃貸借契約締結を前提に運営管理会社が希望する建物を建築する必要があります。

次に、賃貸マンション運営管理会社、賃貸アパート運営管理会社、サービス付き高齢者向け住宅、老人ホーム運営管理会社が求める不動産について説明しておきます。

賃貸マンションは、いわゆるペンシル型の建物でも可能ですので、賃貸マンション運営管理会社は土地面積が40坪程度でも検討します。杭の打設の有無や建物の建築工法などにより左右されますので、より小さな土地面積の場合でも検討できる場合があります。

賃貸アパートは、階数が2または3の横長の建物となりますので、賃貸マンションよりも広い土地を必要とします。4戸の場合でも土地面積が50坪程度必要です。

サービス付き高齢者向け住宅は、一定の年齢以上で健常な方を入居者としますので、賃貸マンションと同様のペンシル型の建物となりますが、1階に共用食堂を設定したりすることから土地面積100坪程度から検討します。

老人ホームは入居者に対する介助が必要となりますので、できる限りワンフロアに入浴施設などの設備関係をまとめようとします。そのため、土地面積200坪程度から検討します。

●事務所系

事務所の建物は、従来からあるオフィスビルと、最近増えつつあるシェアオフィスや貸会議室に大別することができます。

オフィスビルは大型化が進んでいます。

オフィスレイアウトの効率化や多くの社員のコミュニケーションが図れるようにという観点から、ワンフロア（基準階）面積が300坪以上あるビルが求められています。これは一般的にSクラスビルといわれていますが、土地面積は500坪程度は必要です。ワンフロア300坪

以上のオフィスビルには100名以上の方が働くことになりますので、大企業が借主となります。

　また、Aクラスビルといわれる、ワンフロア100坪以上のオフィスビルには30名以上が働くことになりますので、こちらも大企業あるいはやや大きめの中小企業が借主となります。

　借主がSクラスビルを賃借するときは本社や重要拠点として使用することが多いので、BCP（事業継続計画）の観点から、非常用発電機、免震・制震構造など、求める設備要件がいろいろとあります。これらの設備を備えるには非常に多額の資金が必要となります。

　一方、シェアオフィスや貸会議室の運営管理会社への賃貸を検討する場合、運営管理会社がマーケティングを行ない、結果を踏まえてどのような建物を建築したらいいかという提案をしてくれます。貸主は運営管理会社1社との賃貸借契約を管理するだけですので、借主へ直接賃貸するよりは負担が軽減されます。ただ、建物の維持管理については貸主が行なうことが多いようです。

　以前はシェアオフィスや貸会議室の運営管理会社は築年数が経過したオフィスビルを賃借したうえで小分けし、シェアオフィスや貸会議室として貸し出していました。最近はシェアオフィスや貸会議室専用の新しい建物を建築する事例が増えてきました。

　シェアオフィスや貸会議室は、運営管理会社が借主となり法人や個人に対し転貸する方法が一般的です。運営管理会社はフロアを小分けして、個室や数十人が入れるぐらいの部屋を用意します。ですから、ワンフロアは15坪程度でもいいことになりますので、土地面積が40坪程度でも検討します。杭の打設の有無や建物建築工法に左右されますが、より小さな土地面積の場合でも検討可能な場合があります。シェアオフィスはスタートアップ企業や士業などの少人数企業か、大企業の新規事業開発チームが利用しているようです。

　なお、ゼネコンや設計会社に建物図面設計の作成を依頼することになりますが、図面のラフプランができたところで、建物の運営管理に

長けている PM 会社や BM 会社に助言を求めるといいでしょう。建物竣工後の建物管理費用の低減や、他の建物との比較で優位性をアピールする材料についてアドバイスを受けることができるかもしれません。

●倉庫系

　倉庫は、大きくマルチ型と BTS 型、あるいは縦持ち型に分けられます。荷物の種類や荷物を運ぶ会社により求めるタイプが異なります。

　マルチ型倉庫とは、最近大手デベロッパーを中心に建築が進んでいる標準的な規格の倉庫です。現在の標準的な規格は、常温、梁下 5.5 メートル、床荷重 1 平方メートルあたり 1.5 トン、高床式、ランプウェイで各階着床が可能などです（**図表 4-10**）。

　荷物が野菜などであれば、倉庫に長期間保管しておくことはありません。大型トラックで大量の野菜を搬入し、店舗ごとに小分けし、多数の小型トラックで一斉に配送するオペレーションが多いので、営業倉庫（倉庫業の営業を行なうために、国土交通大臣の登録を受けた倉庫のこと。一方、倉庫の使用者が自らの貨物を保管するための倉庫を自家用倉庫という）、常温、マルチ型、各階着床のような建物を希望します。多数の小型トラックを同時に搬出入口（バース）に並べる必要がありますので、横長の建物となり、土地面積は 2000 坪程度必要となります。

　最近はワンフロア面積が 5000 坪以上あるような倉庫が一般的になりつつあります。物流デベロッパーは、大型トラックが自走で各階に着床できるランプウェイを設け、倉庫の基準階面積を 1 万坪以上確保できるような広さの土地を探しているようです。一方で、一定の地域の配達を行なうための出張所としての倉庫であれば、土地面積 300 坪程度から検討する場合があります。

　BTS（Build To Suit）型倉庫とは、借主の希望に沿って建築するオーダーメイド型の倉庫です。冷凍・冷蔵・定温、天井高が高い、床荷重 1 平方メートルあたり 10 トン、高いレベルのセキュリティなど、規

図表4-10 ● マルチ型倉庫

5F	借主A		
4F	借主B	床の荷重1.5トン／㎡	
3F	借主C		
2F	借主D	天井高 5.5m	
1F	借主E		

ランプウェイ

マルチ型倉庫に共通するスペック
①床荷重1.5トン／㎡　②ランプウェイで各階に10トントラックが着床可能　③天井高5.5m

格はさまざまです。BTS型倉庫には基本的に汎用性がありません。自動機械を導入する、紙や飲料といった重量物や医療品を扱う企業が借主になる場合が一般的です（次ページ**図表4-11**）。

　縦持ち型倉庫とは、複数階の建物ですが、荷物の出し入れは1階のみで行なうものをいいます。1階から各階へはエレベーターなどで運びます。荷物が衣料品などであれば、製造した商品をすべて倉庫へ運び込み、オーダーに応じて各店舗へ小分け配送するオペレーションが多いので、営業倉庫、常温、1階のみ着床のような建物を希望します。場合によっては上層階でほつれを修理するスペースが確保できるような建物を希望します。同時に多数のトラックを並べる必要はないので、ペンシル型の建物でもいいことになり、土地面積は500坪でもいい場合があります。衣料品を扱う企業のほか、大量に仕入れ、小分けして発送するオペレーションを行なう企業が借主になる場合が一般的です（次ページ**図表4-12**）。

図表4-11 ● BTS型倉庫

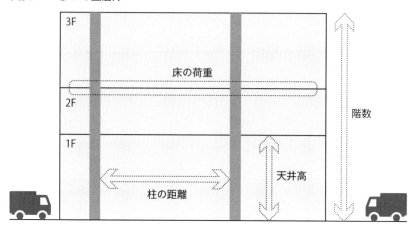

マルチ型倉庫と違い、床荷重や天井高、ランプウェイの有無など、
スペックを自由に決めることができる

図表4-12 ● 縦持ち型倉庫

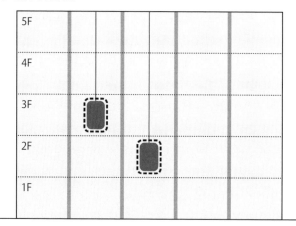

1階で荷物の出し入れをして、2階以上には、エレベーターなどで運搬する。
10トントラックで大量に荷物を搬入し、2階以上でストックし、
2トントラックで少量ずつ搬出していく

運営管理会社に賃貸する場合、住居系と同様に、運営管理会社は「自社の高い業務ノウハウを活かすことができる建物」を賃借することが前提になっている場合がほとんどです。ですから、貸主は建物図面を作成する前に運営管理会社に相談し、賃貸借契約締結を前提に運営管理会社が希望する建物を建築する必要があるといえます。

◉商業系

　商業系の場合、商業テナントが店舗に求める条件はまったくといっていいほど各社で異なります。ですから、貸主は建物図面を作成する前に商業テナントや運営管理会社に相談し、賃貸借契約締結を前提に商業テナントや運営管理会社が希望する建物を建築する必要があるといえます。

SECTION
4-11　賃貸するときの流れ

　ここで、いままで説明した内容を確認するため、賃貸するときの流れを、住居系を例にして簡単に説明します。他の建物の場合でも考え方の基本的なポイントは同じですので、応用して考えてみてください。

①何を建てるか

　住居系の建物は、賃貸マンション、賃貸アパート、サービス付き高齢者向け住宅、老人ホームなどがあります。

　賃貸マンションや賃貸アパートの借主は、入居者（一般的には個人）の場合と、運営管理会社の場合があります。

　直接入居者への賃貸を検討する場合、ファミリー世帯を対象とするのか独身世帯を対象とするのか、どのような間取りや設備が好まれるのかなど、マーケティングを行なう必要があります。

②どう建てるか

　そして実施にあたっては、建物を計画・設計し、設計した建物の建築に強みを持つゼネコンを探索し、建物建築を発注します。

③どう賃貸するか

　建物竣工後、入居者を募集し、賃貸借契約を締結します。その後、毎月賃料を回収し、入居者が退去したときは、部屋のクリーニングを行ないます。貸主が建物修繕や大規模修繕を計画し実施します。

　複数の入居者との賃貸借契約や委託した業務を管理しなければなりませんので、非常に手間がかかります。作業負荷を軽減するために、建物の清掃や修繕など、業務の一部を専門会社に委託することもあり

ます。入居者募集など、自社でも行ないつつ複数の仲介会社に依頼することもあります。

④運営管理会社を利用する場合

　運営管理会社への賃貸を検討する場合、運営会社がどの業務を受託してくれるのかを確認する必要があります。ある運営管理会社は、マーケティングを行ない、結果を踏まえてどのような建物を建築したらいいかという提案をしてくれます。貸主が運営管理会社の提案を受け付けると、運営管理会社のグループ会社で、建物図面を作成し、建築を請け負います。その後、貸主と運営管理会社で賃貸借契約を締結し、運営管理会社がグループ会社の不動産賃貸借仲介会社網を通じて入居者を募集し、賃料の回収などの入居者管理を行ない、経費や手数料を差し引いた金額を貸主に支払ってくれます。建物の修繕計画を作成し、グループ会社で修繕を請け負ってくれます。貸主と運営管理会社の賃貸借契約を、サブリース契約ということがあります。

　ファミリー世帯への転貸を得意とする運営管理会社、独身世帯への転貸を得意とする運営管理会社、駅前の高層賃貸マンションを得意とする運営管理会社、郊外の賃貸アパートを得意とする運営管理会社など、運営管理会社により強みとする領域が異なりますので、複数の運営管理会社から提案を受けることをお勧めします。

　貸主は運営管理会社1社との賃貸借契約を管理するだけですので、入居者へ直接賃貸するよりは負担が軽減されますが、運営管理会社に対し、手数料を支払う必要があります。

賃貸借契約が終了したら……

　建物貸し（借家）の場合、設備などの経年劣化については借主に原状回復工事費用の負担を求めることがむずかしくなっています。とくに賃貸マンションや賃貸アパートの場合、都道府県や市区町村で借主が負担すべき原状回復工事の範囲が条例などで制定されている場合があります。条例などで制定されていない、借主が原状回復工事を行なうべき箇所について、賃貸借開始日の状態に戻っているかどうかを確認します。

　土地貸し（借地）の場合、借主の費用と負担において、賃貸借契約終了日までに賃貸借契約開始日の状態に戻して（原状回復）返還してもらいます。賃貸借終了日、現地にて建物や解体ゴミが残置されていないか、打設した杭はすべて引き抜かれているかを確認します。杭を引き抜いた後の穴が埋め戻されているか、転圧がかけられているかを確認します。塀などは元どおりになっているか、賃貸借開始前に撮影した写真などと比較します。

　土壌汚染調査も実施し、賃貸借開始前に行なった土壌汚染調査結果と比較し、土壌汚染が生じていないかを確認します。生じていた場合は借主に土壌汚染改良を求めます。土壌汚染改良工事も賃貸借契約期間内に行なうことが原則ですが、期間内に実施することがむずかしい場合は、改良に必要とする期間と、その間の賃料を決定します。この期間については借地借家法ではなく、民法が適用される可能性がありますので、弁護士への確認をお勧めします。

The Essential Guide to
Corporate Real Estate

第 5 章

社外への売却を検討・実施するときに押さえておくべきポイント

「いくらで売れそうか」は
公表データだけでわかる

売買には、売主と買主がいて、価格の合意があるということが大前提ですが、実際の買主を探す前に売買想定価格を調べることは可能です。売買仲介会社に聞かなくても、インターネットで調べることができます。

「地価公示価格」という言葉を聞いたことがあるでしょうか。毎年3月、「ことしの銀座の1平方メートルあたりの価格は5720万円でした」といったニュースを聞いたことがある方も多いと思います。

「地価公示」は「地価公示法に基づいて、国土交通省土地鑑定委員会が、適正な地価の形成に寄与するために、毎年1月1日時点における標準地の正常な価格を3月に公示（平成31年地価公示では、26,000地点で実施）するもの」（国土交通省ホームページ）です。土地委員会が土地の利用状況、周辺環境、地積（土地面積）、土地形状などを考慮して、「標準地」として標準的な画地を選定します。2人以上の不動産鑑定士がそれぞれ鑑定評価を行ない、その結果を土地鑑定委員会が審査し、最終的な地価公示が決定されます。そして、1平方メートルあたりの価格が毎年3月頃発表されます。

「地価調査」は国土利用計画法にもとづいて都道府県知事が行なう調査で、毎年7月1日時点の基準地の標準価格（基準地価格）が判定されます。1平方メートルあたりの価格が毎年9月頃発表されます。これは1人以上の不動産鑑定士が鑑定評価を行ないます。

つまり、わざわざ不動産鑑定士に鑑定料を支払って、鑑定評価を依頼しなくても、毎年、不動産鑑定士が近隣の標準的な土地を鑑定してくれているのです。

この「地価公示」と「地価調査」のデータは、どちらも国土交通省

がインターネットで発表している「不動産取引価格情報検索」（国土交通省 https://land.mlit.go.jp）で確認することができます。

また、「不動産取引価格情報検索」では実際の取引事例も掲載されています。取引事例ですので、周辺環境、最寄駅からの距離、取引金額、土地面積、土地形状、前面道路の状況、用途地域、建蔽率、容積率、取引時期などが詳細に記載されています。社外への売却を検討している不動産と同様の取引事例があれば参考になると思います（**図表5-1**）。

一方、国税庁が毎年発表している「路線価図」は、路線（道路）に面する標準的な宅地の1平方メートルあたりの価格が記載されています（単位は千円）。毎年1月1日を評価時点として、地価公示価格などを基として算定した価格の80％として評価していますので、不動産の住所から該当する路線価図を見つけ出し、前面道路に記載された価額を80％で割り戻すと、おおよその価格を試算することができます。

図表5-1 ● 不動産取引価格情報検索の画面

出所：国税庁『路線価図の説明』

　図表5-2 の対象地の場合、接道している路線（道路）に記載している路線価は13,140千円とありますので、土地面積が100平方メートルの場合は、13,140千円×100平方メートル＝約13億円となります（皇居周辺の地価は高いですね！）。

　最近は積算法や収益還元法という方法で不動産価格を試算する場合もありますが、およその金額を把握するためであれば、上記の調査で十分だと思います。

売却するときも賃貸を想定することで高値追求できる

　遊休不動産の売却にあたっては、買い手の目的や、何を求めているのかを考えることが大切です。そして、投資目的であれば、買い手の目的はそれを運用することであり、そこからの賃料を得ることを求めています。つまり、売却するにあたっても、賃料を支払う借主を念頭において、収益物件として組み立てることで、単純に売却するときと比べてより良い条件で売却できる可能性が出てきます。

　売却しようとしている不動産が更地で、主要都市の主要駅から徒歩5〜7分圏内であれば、分譲マンションやオフィスビルの建築用地となり得ますので、デベロッパーのみを買主候補者と想定し、デベロッパーとのネットワークを幅広く持つ不動産売買仲介会社に買主側不動産売買仲介会社として買主探索をして欲しいと依頼すればいいかもしれません。

　しかし、不動産が主要駅から徒歩圏でなかったり、郊外で土地面積が数千から数万坪であったりした場合はどうでしょうか。

　不動産がどのような場所にあったとしても、借主を想定して探索することで買主候補者が増え、より良い条件で売却できる可能性が高まります。

　昨今は実需だけではなく、不動産を投資対象とする投資家が不動産売買マーケットに参入してきました。これは国債などの債券への投資と同様の考え方のもとに、投資家は賃料収入という利子を得ることを目的として不動産という投資商品（収益物件）を購入するということです（株式の売買のように、購入金額と売却金額の差額であるキャピタルゲインを得ることを目的とする投資家もいますが、比率としては少ないと思われます）。

　数年前から非常に多くの海外の投資家が日本の不動産売買マーケッ

トに参加してきています。これら投資家は、利回り、投資金額、エリア、アセット、投資期間など、さまざまな投資基準で判断し購入しています。

正確なデータはありませんが、不動産マーケットの売買件数や売買代金の半数は投資家によるものともいわれています。従前、日本では更地がいちばん売却しやすいといわれていた時代があったそうですが、多様な考え方を持つ投資家が参加している現在は、更地でなくても売却の可能性が高くなっているといえるでしょう。

実需で不動産を求めているケースとは異なり、投資家は投資するために資金を潤沢に持っていますので、不動産の売買マーケットでは強い買主であり、常に「収益物件」を求めています。

そして、投資家のなかには、自ら借主を探して収益物件を組成するケースもあれば、自ら借主を探すことはしないものの、収益物件であれば購入を検討するというケースもあります

ですから、売主自身が借主を想定し、うまく収益物件にすることで、よい良い条件で売却できる可能性が高まるのです（収益物件の組成方法については後述）。

次項ではそうした事例について紹介します。

SECTION 5-3

収益物件を建てて売却したことで15億円も差益を得た事例

　A社は、素材の卸売・加工をする歴史のある会社です。築50年を経過したオフィスビルを保有し、本社として使用しています。近隣には同業他社の本社や店舗がありますが、最近は老朽化した建物を解体し、賃貸マンションやビジネスホテルに建て替えている場所が増え、街の風景も変わってきました。

　A社には、賃貸マンション運営管理会社からは「賃貸マンション事業をしませんか」、不動産売買仲介会社や分譲マンションデベロッパーからは「いまが売却に最適な時期だから土地を売却しませんか」といった具合に、さまざまな提案が寄せられていました。

　A社社長としては、現在使っているオフィスビルはあと何年ぐらい使い続けられるのか、そのためには大規模修繕費がいくら必要なのか、仮に売却したら本社をどこへ移転すればいいのか、賃貸オフィスに移転するのであれば何坪賃借すればいいのか、土地を購入して建物を建築するのであれば必要な土地面積は何坪なのか、といったさまざまな疑問が頭に浮かんで整理がつけられず、結果として状況を放置している状態でした。

　まず残存耐用年数の確認と大規模修繕費の試算を行なうために、一級建築士やビルの設備がわかるメンバーを引き連れて現地確認をしました。

　建物は築50年を経過している本館と、築45年を経過している別館の2棟で構成されていました。外壁のタイルは部分的に剥がれ落ち、壁も「浮き」が見られるような状態でした。実際、タイルが前面道路上に落下した事故もあったようですが、幸い通行人やクルマには当たらず、大事には至らなかったようです。エレベーターも古く、カゴや

巻上げ機を含めて全交換の必要性がありました。

　A社が10年ほど前に実施した耐震診断の報告書には、「建物倒壊の危険度が高く早急に大規模な補強工事が必要である」とのコメントが記載されていました。また「補強しない場合は速やかに退去すべきである」とのコメントも付記されていました。現地確認の結果でも、想定残存耐用年数を限度として騙し騙し使用する場合でも、1億円程度の大規模修繕費が必要であると試算されました。

　この試算に、A社経営企画部の方は驚きもせず、当然の結果と受け止めているようでした。

　建て替えも検討しました。老朽化したオフィスビルは、図面上では建物延床面積が1000坪を超えていますが、実際に働いている人数は100人程度でした。一般的に、必要なオフィス面積を試算するときは、検討初期段階では実際に働いている人1名（正社員だけでなく、派遣社員なども含みます）につきオフィス面積3坪と仮定しますので、オフィス面積は300坪あればいいことになります。建て替えた場合、A社が使用しない700坪について、社外への賃貸を検討しなければなりません。

　A社としては、本社事務所と賃貸マンションの複合建物や、本社事務所と商業施設の複合建物は考えられないとのことでしたので、建物建て替えは選択肢から外しました。

　次に社外への売却を検討するために、路線価図などから売買想定価格を試算しました。いくつかの不動産売買仲介会社や分譲マンションデベロッパーから提示を受けていた購入金額と大差はありませんでした。

　最後に社外への賃貸の可能性を検討しました。A社は建物貸し（借家）なのか土地貸し（土地）なのかは決めていません。本来であれば賃貸方法によるメリットとデメリットを比較してから賃貸方法を決めて借主探索を行なうべきですが、建物貸し（借家）と土地貸し（借地）のどちらの方法も調査することにしました。

　まず公法規制を確認すると、用途地域は商業地域、建蔽率80％、

容積率500％でした。用途地域から、住居系、商業系、事務所系、ホテル、公共施設など、ほとんどの用途の建物を建築することができます。近隣が賃貸マンションやビジネスホテルに建て替わっていますので、賃貸マンション事業やビジネスホテル事業は可能なエリアだと判断できます。対象地があるエリアのプライスリーダーである賃貸マンション運営管理会社に相談し、詳しいマーケット分析資料と経済条件の提示を受けました。ビジネスホテル運営管理会社や商業テナントにも相談しました。

　社外への賃貸、社外への売却、老朽化した建物を修繕して継続使用する、という3つの選択肢とあわせ、本社事務所を移転して老朽化した建物を解体、賃貸マンションを建築して賃貸マンション運営管理会社に賃貸し、事業が安定してきたときに収益物件として投資家に売却するという方法についても検討しました（**図表 5-3**）。

　分譲マンションデベロッパーから提示されていた購入金額は既存建

図表5-3 ● 単純売却と収益化してから売却するケースの違い

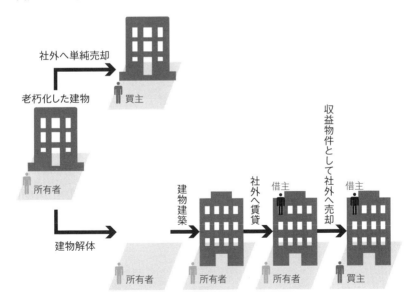

物を解体しない現況有姿売買で 10 億円でした。賃貸マンション運営管理会社に賃貸する場合のサブリース後の受取賃料はすでに賃貸マンション運営管理会社から提示を受けていましたので、住居系収益物件の利回りから逆算し、収益物件としての売却価格を試算しました。既存建物の解体費と賃貸マンションの新築工事費も試算しました。

住居系の収益物件を投資対象とする投資家に賃貸マンション運営管理会社の経済条件を提示し、38 億円で購入するという意向を引き出しました。これなら、既存建物の解体費と賃貸マンションの建物新築工事費を差し引いても 25 億円以上の金額が手元に残ることになります。

つまり分譲マンションデベロッパーに現況有姿で売却するよりも、手残りで 15 億円以上高い金額で売却することができたのです。

この事例から、売却を行なう場合でも、借主を探して考えることの重要性をご理解いただけたと思います。

買主となる投資家とは？

　ここまでに「投資家」という言葉を何度か使ってきました。インターネットで「不動産、投資家」と検索しても、いわゆる賃貸アパートの大家さん業をやっている個人の方の名前が挙がり、実態をよくつかめないと思います。

　ここでは、個人ではなく、不動産を収益物件としてとらえ、投資している法人を指すことにし、その実態について説明します。

◉投資タイミングによる区分

　法人としての投資家は、投資するタイミングで分けると、

①デベロッパーリスクを引き受ける投資家
②新築の収益物件へ投資する投資家
③築5年から10年程度の収益物件へ投資する投資家
④築15年以上の収益物件へ投資する投資家

の４タイプがあります。

　①の投資家は、収益物件となる建物は竣工しておらず、建物を賃借する借主との賃貸借契約も締結していない状態で投資します。収益物件化を企画した者の計画書を精査し、収益物件化の第一段階となる土地購入の段階から投資し開発利益を享受することを狙っていますので、ハイリスクハイリターンといえます。

　②の投資家は、収益物件となる建物は竣工し、建物を賃借する借主との賃貸借契約が締結した状態で投資します。収益物件化計画が実現したときともいえます。つまり開発利益は狙いません。①の投資家か

ら購入することもあります。

③の投資家は、収益物件化され、数年が経過した段階で投資します。これは、建物竣工後に建物に関する不具合が発生するリスクを回避したい、建物の減価償却が進み投資額が少なくなった、利回りが期待する利回りまで上がってきた、などを狙った結果です。②に比べリスクが低減されたといえるでしょう。

④の投資家は、数年以内に大規模修繕が必要となるような築年数が経過した段階で投資します。築年数が経過しているので建物の減価償却が進んでおり、投資額が少なくなります。④の投資家は、他社に比べて大規模修繕費を安く抑える方法を持っていたり、現借主との賃貸借契約終了後に既存建物を解体し、新たな収益物件計画を実行したりする用地として投資することが多いようです。

◉その他の特性による区分

住居系に投資する投資家、商業系に投資する投資家というように、投資するアセットでも区分することができます。また、同じアセットでも収益物件の所在地により区分することができます。期待する利回りを超えていれば何でも購入するという投資家は少ないのが実態です。JAPAN-REIT.COM（不動産投資情報ポータル http://www.japan-reit.com）は投資情報が開示されている J-REIT（リート）の全銘柄情報を網羅するポータルサイトですが、そちらを見ていただくと、運用資産が「事務所主体型」「商業施設主体型」などに分かれていることからもご理解いただけると思います。

一度の取引での最低取引金額を定めている投資家もいます。つまり、1つの収益物件では最低取引金額に満たないが、複数の収益物件をまとめれば検討してくれる場合があります。

収益物件を購入した後に何年間保有するかによって、投資判断をする投資家もいます。竣工して間もない収益物件であれば、数年間で売却することも、数十年保有し続けてから売却することも可能です。一

方で、築年数が相当経っている場合は、数十年保有し続けることはむずかしいので、数年間保有して売却するか、建て替えを前提にする投資家でないと検討はむずかしくなります。

投資家を探索するにはまずは収益物件を組み立ててみる

　社外への賃貸を検討するときだけでなく、社外への売却を検討するときも借主を探索する重要性について先ほど説明をしました。また、収益物件を組み立ててから売却することで高値売却できた事例についても紹介しました。

　ここでは、建物貸し（借家）で、収益物件を組み立て売却するまでの手順を説明します。

　第9章で解説するように、建物貸し（借家）の場合、借主候補者に優先交渉権を付与し、合意書を締結、覚書を締結、予約賃貸借契約書を締結、賃貸借契約書を締結する流れとなります。合意書を締結した段階で、借主候補者との交渉を進めるのと併行して、建物竣工後に借主と賃貸借契約書を締結した後の収益物件を購入する買主の探索をします。この場合、建物竣工後すぐの売却を検討しますので、前項にある投資家②を探索することになります。当面は社外への賃貸として運営し、数年後収益物件として売却する場合は、投資家③や④を探索することになります。

　投資家は海外投資家、リース会社、投資顧問会社など、さまざまです。どのタイプの投資家を探索するにせよ、まずは売却しようとしている収益物件のアセットは住居系なのか、商業系なのか、収益物件の所在地は首都圏なのか、関西圏なのかを明確にします。

　収益物件の売買想定価格は、借主から支払われる月額賃料を年額賃料に換算し、投資家が期待する利回りで割り戻して求めます。

　投資家が期待する利回りは、投資するタイミング、アセット、所在地などにより異なります。一般財団法人日本不動産研究所が公表する『不動産投資家調査』などを参考に、投資家の期待利回りを想定しま

図表5-4 ● アセットごとの投資家期待利回りとエリアごとの投資家期待利回り

アセット期待	利回り
オフィスビル （Aクラス、東京大手町）	3.5%
賃貸住宅 （ワンルーム、城南地区）	4.5%
商業店舗 （東京銀座、心型高級専門店）	3.5%
商業店舗 （東京、郊外型ショッピングセンター）	5.5%
物流施設・倉庫 （東京、マルチテナント型）	4.5%
宿泊特化型ホテル （東京）	4.5%

商業店舗（都心型高級専門店）	期待利回り
東京銀座	3.5%
札幌	5.6%
仙台	5.6%
名古屋	5.1%
京都	5.2%
大阪	4.7%
神戸	5.4%
広島	5.9%
福岡	5.0%

出所：一般財団法人　日本不動産研究所「第38回不動産投資家調査（2018年4月現在）」をもとに筆者作成

す。ただし、投資タイミングやマーケット環境により、期待利回りは変化しますので目安として考えてください（**図表5-4**）。

　投資家への売却に慣れていないあいだは、投資家探索と売買条件交渉は、投資家探索に強みを持つ不動産売買仲介会社へ依頼します。海外投資家探索に強みを持つ不動産売買仲介会社と、投資顧問会社探索に強みを持つ不動産売買仲介会社は異なります。買主側不動産売買仲介会社には、適切な不動産売買仲介会社を立てるようにします（第2章参照）。

　このときに買主から求められた売買条件交渉項目を、借主との賃貸借契約条件交渉に反映し、より良い条件での賃貸借条件での締結、売買条件での締結を目指します。売主側不動産売買仲介会社、貸主側不動産賃貸借仲介会社の能力が試されるといえます。

売却するときは
将来のリスクを考える

　社外へ売却する場合は、将来買主などから損害賠償請求などをされないようにリスクを最小化しておく必要があります。自社が使用した薬品などで土壌を汚染してしまっていないか、隣地が使用した薬品などが流入し土壌が汚染されていないか、地下水が汚染されていないか、地中にコンクリートのガラや杭が埋まっていないか、地盤沈下や崖崩れの恐れはないか、建物にアスベストを使用していないか、PCBは適切に管理しているか、PCBの移動は可能かなど、検討項目は多数あります。

　私の知っている事例で、隠れた瑕疵が原因で多額の損失を被ったケースがあります。

　物流会社のB社は、物流センターを新築すべく山林を購入、造成して自社が使用する物流センターを新築しました。建物が竣工した1年後、B社は土地と建物をファンドに売却し、ファンドから賃借する定期建物賃貸借契約を締結しました。土地建物を売却することで初期投資額を回収し賃借化する、いわゆるセールアンドリースバック化したのです。

　B社とファンドとの賃貸借契約期限満了日を2年後に控えたとき、B社は、①賃貸借契約を再契約する、②セールアンドリースバックを解消し土地と建物を買い戻す、③賃貸借契約は再契約せず賃貸借契約期間満了時に移転するという3つの選択肢のうち、どれを選択するか検討することになりました。B社の希望は、①の賃貸借契約を再契約する方法が最もコストがかからないと判断しているので優先したいとのことでしたが、ファンドからは再契約時の月額賃料について提示がない状況でしたので、現在の物流倉庫の賃貸借マーケットの状況や、

どのような点に留意して交渉をしたらいいかを知りたいとのことでした。

　まず不動産の所在地、用途地域、建蔽率、容積率の確認をしました。航空写真で見ると複数の建物が建っていました。また、敷地内に樹木がない山肌のように見える部分がありました。B社に確認すると、「敷地の所々で地盤が陥没していたり法面が崩落したりしている場所がある。その影響だと思うが建物に不等沈下が起きている」とのことでした。

　土地と建物の所有者であるファンドに地盤陥没や不等沈下への対応を求めたところ、B社が対応すべきであるとの回答があったというのです。詳しく聞くと、実はB社が山林を購入し造成を行なっていたときにも法面が崩落した事実があり、原因を調査をすると、地層の一部に雨水が触れると脆くなる部分が含まれていることが判明したとのことです。そして造成によりその地層が地表に顔を出してしまい、雨水が浸透し崩落したというのです。

　セールアンドリースバック化するときに、B社は地層のボーリングデータをファンドに提供したが、崩落事故があった事実や原因調査をした結果を、書面や口頭で伝えなかったというのです。

　つまり、ファンドは、セールアンドリースバック化する際に告知しなかったB社に責任があるとして、地盤陥没や建物不等沈下対応はB社が行なうべきと主張し、B社は地層のボーリングデータを提供しているのだから、ファンドが対応すべきであると主張し、話が前に進んでいなかったのです。

　そうすると、賃貸借契約を再契約するかしないかというような次元の話ではなくなります。建物倒壊の可能性があるとして建物使用中止を命じられる可能性もありますし、現地で働く従業員を危険な状態にさらしていたとして経営責任を問われる可能性もあります。賃貸借契約期間満了前にスキームの解消がなされる可能性もあります。

　まずは賃貸借契約の再契約を検討する前に、地盤沈下や法面崩落の

対応と費用試算、建物の不等沈下対応と費用試算、セールアンドリースバックスキームを解消した場合の土地と建物の買取価格の試算を行ないました。金額として数十億円を超える金額となりました。B社は数十億円の費用を今期の決算に計上することにし、親会社であるY社に決算が赤字になる旨を報告しました。

　驚いたのはY社です。Y社は連結決算見通しも変えなくてはなりません。すぐに、数十から数百億円の特別損失の計上と赤字決算になる可能性があるとニュースリリースを発信しました。

　話はこれで終わりません。実はB社は元々X社の100％子会社でしたが、X社の事業見直しに伴って会社売却され（M&A）、Y社の100％子会社になっていました。Y社はM&Aの際、B社がファンドから建物を賃借しているという話は聞いていましたが、セールアンドリースバック化する前の造成した時点で法面崩落が発生していたとは聞いていませんでした。

　そこでY社はB社の買収価格が妥当であったのか、X社に損害賠償を請求できないのかと検討に入りました。もちろん当時のM&Aに関与した銀行、弁護士、エージェントも呼び、彼らはこの事実を知っていたのか質そうとしています。

築年数が経っている既存建物があっても壊さない

　土地の上に既存建物があり、築年数が経っていても、建物の価値はないと判断してはいけません。

　不動産の売買マーケットには、築年数が経った建物を購入し、リノベーションをした後に売却したり賃貸したりする会社などさまざまなニーズがあります。

　昨今はとくに、建物新築工事費の上昇などを理由に、既存建物の再活用に注目が集まっています。社宅や独身寮を中古分譲マンションや老人ホームに、オフィスビルをカプセルホテルに、工場を倉庫にリノベーションをしたような事例があります。

　既存建物がある場合は、竣工当時の竣工図だけではなく、増改築や大規模修繕を行なったときの履歴書類と建物図面を用意して、買主候補者を増やす準備をしましょう。

The Essential Guide to
Corporate Real Estate

第 6 章

「老朽化した建物」の賃貸・売却を検討するときに注意すべきポイント

SECTION 6-1

建物図面を再作成するには 膨大なお金がかかる

築年数が経過した建物の場合、建物が竣工したときの竣工図、大規模修繕を実施した際の修繕箇所を示す書類や図面、修繕履歴などの書類が揃っていないケースがあります。

継続使用するための大規模修繕費用を見積もったり、法律に適合していない部分を是正したりしようと考えたとき、ゼネコンから「まずは足りない図面を再作成する必要があります」と言われることが多くあります。では竣工図を再作成するのにはいくらぐらいの費用がかかるでしょうか。

以前ご相談があった建物延床面積が1500坪の場合、1億円必要だ

図表6-1 ● デューデリジェンスとER

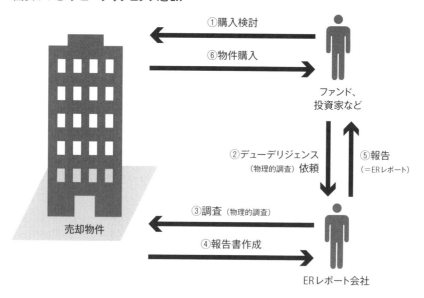

と言われたそうです。さらに現状と竣工図の差異確認のための現地調査費用が別途必要になり、是正工事や大規模修繕を行なうにはさらに費用が必要と言われたそうです。

そして、建物図面作成の1億円を用意できないとのことで、大規模修繕して継続使用するという選択肢を検討することを諦めざるを得ないのかと落胆されていました。

しかし、そんな理不尽なことはありません。

方向性を決める段階ではエンジニアリングレポート（ERレポート）で十分です。ERレポートを発行する会社はいくつもあります。ファンドや投資家が不動産の購入を検討する際には、ERレポートをもとに不動産のデューデリジェンス（物理的調査、経済的調査、法的調査のうち物理的調査が対象）を行ない、購入の是非を検討しています（**図表6-1**）。

ただ、調査項目は目的によって異なり、費用が変わってきます。以前、一級建築士や設備に詳しいメンバーでチームを組み、目視による現地確認で簡易レポートを作成してもらったことがあります。そのときは、建物が1960年代後半に竣工した建物でしたので、法務局で建物図面と各階平面図を入手してもらい（＊）、企業が保管していた資料と現地確認を組み合わせ、建物の想定残存耐用年数、残存耐用年数を使用するために必要な大規模修繕費と修繕費の概算見積もり、アスベストの使用可能性などの調査を行なってもらいましたが、費用は数百万円でした。

＊法務局で建物図面と各階平面図が入手できるのは、1965年4月以降に建物を新築して、企業が建物表題登記をした場合や、増改築して床面積や構造の変更登記を申請したときに、建物図面と各階平面図を添付して提出したものを法務局が保管しているためです。

詳細な建物の状況確認や大規模修繕費の見積もりには、ゼネコンが言うようにきっちりとした調査が必要です。しかし、経営者が経営方針を出すためだけであれば、簡易レポートで十分な場合があります。

建物想定残存耐用年数や大規模修繕費の概算見積もりによって、大規模修繕を実施して継続使用をするのか、移転も含めて早急に検討しなければならないのかを検討することができます。

　先ほどの企業の場合、簡易レポートによって建物想定残存耐用年数が5年、長くても10年と診断されましたので、移転先を探索しつつ、移転元の社外への賃貸と社外への売却を両面で検討することにし、計画を立てました。

　ERレポートを作成する会社は、竣工図などの書類調査の後、現地調査を行なって建物について確認をしますが、この際、建物についての確認はしてくれるものの、周辺調査は行なってくれません。

　大規模修繕して継続使用を検討するのであれば、必ず現地へ行き、周辺調査を行ないます。周辺調査の結果次第では、大規模修繕ができない場合もあるからです。

　そうした事例について、次項で紹介します。

周辺調査の結果、
継続使用できなかった事例

　A社は大企業X社の下請け会社として部品を製造し、100％をX社のグループ会社であるY社に納入していました。A社は他の中小企業同様、事業後継者がなかなか見つからなかったので、部品を納入しているY社に、会社を買い取ってくれないかと相談をしました。早速、Y社はX社に相談し、X社が直接A社の話を聞くことになりました（**図表6-2**）。

　X社はA社の企業デューデリジェンスを行なうため、M&Aのアレンジャーや弁護士などに相談をしました。過去数年の財務諸表を精査し、A社の企業価値の算定が行なわれました。不動産鑑定士にも相談し、A社が保有する唯一の工場について鑑定評価を実施してもらいました。そして、不動産鑑定評価書を見たX社から私に連絡がありました。

　まず工場の配置図を見せてもらった後、現地確認をしたいとA社にお願いしました。すると、「工場は築40年を経過しており建物図面はなかった。工場の修繕をお願いしているゼネコンに相談したところ、竣工図再作成に1億円、竣工図と現地の差異確認に数千万円が必要だ

図表6-2 ● A社、X社、Y社の関係

と言われたので、どうしたらいいか困っている」との回答でした。

　たしかに竣工図を再作成するのであれば、多額の費用は必要かもしれませんが、今回は、X社がA社を買収するにあたって、この工場が遵法性を満たしているか、満たしていないとすればどれぐらいの費用で是正が可能なのかを把握し、X社とA社としての経営方針を決める判断材料が欲しいだけです。

　そこで私はまず現地に行き、工場の立地などを確認することにしました。すると工場の敷地の壁沿いに、ナンバープレートが外されてタイヤがパンクしている自動車が数台放置されていました。自動車の中はゴミでいっぱいでした。調べるまでもなくこの道は公道ではないか、何らかの事情がある可能性が高いと推測しました。

　また、近隣の河川から支流が流れており、これが工場のすぐ近くの地下を流れているようでした。敷地が公道に接していると思われる箇所が1つしかなく、それも数メートルだけ接道しているように見えま

図表6-3 ● 工場の周辺環境

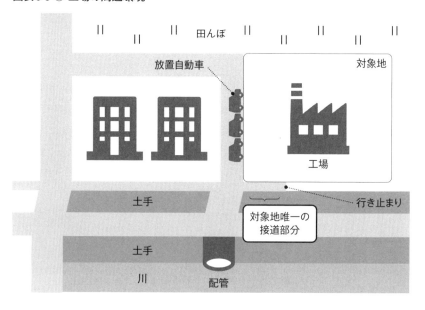

した（**図表 6-3**）。

　私は、工場の建て替えは不可で、現在の建築基準法に沿った建物への是正と大規模改修もむずかしいのではないかと一時的に判断しました。

　X 社を訪問し、現地確認を行った結果を伝えた後、不動産鑑定評価書を見せてもらいました。すると土地の一部は借地権上に存在していることが明記されていました。借地権について尋ねると、旧借地借家法にもとづく普通借地権とのことでした。また借地部分は公道に接道していると思われる部分を含む敷地全体の約半分とのことでした。貸主は個人で、すでに 2 度相続があり、現在の貸主は複数名になっているとのことでした。

　旧借地借家法は借主が弱い立場にあるという前提に立って制定されているので、借主が A 社から X 社に変更されたとき、貸主から A 社はこの土地を借りる必要がなくなったのだから、土地を返還して欲しいと言われる可能性があります。土地を返還してしまうと、敷地が公道に接道しなくなり建物の建て替えができなくなる可能性がありますし、現在の工場と同じ大きさの工場を建築することはできなくなります。

　つまり、X 社と A 社は、M&A を検討する前に、旧借地借家法にもとづく賃貸借契約の取り扱いについて作戦を立て、貸主と交渉をしなければならないということです。

　建物の継続使用を検討する際は、ER レポート会社や不動産鑑定士に依頼するだけではなく、現地確認を行なうことをお勧めします。

SECTION 6-3 居抜き物件を賃貸するときは

　建物貸し（借家）をしていたものの、賃貸借契約満了などの理由で、借主が退去した建物の後継借主を探索することがあります。賃貸しようとしている建物は、賃貸マンションや賃貸アパートなどの住居系建物でしょうか。スーパーマーケットやコンビニエンスストアなどの商業店舗でしょうか。

　居抜き物件の相談で最も多いのが、「借主を探してきてほしい」という依頼です。新築の建物貸し（借家）や土地貸し（借地）同様、居抜き物件でも借主候補者に物件を紹介し、関心の有無を確認することは可能です。

　しかし、多くの場合、その後の作業が進みません。借主候補者から建物の躯体や設備関係について質問があっても、貸主が答えることができないのです。貸主は不動産や建築のプロではないので仕方がないといえば仕方がないのですが、建物を賃貸する以上、貸主は、現状の建物や設備について理解し、借主候補者に説明する必要があります。建物維持管理は前の借主がすべて行なっていて、貸主は言われるままに修繕費用を支払っていただけという場合、このような事態に陥ります。

　また後継借主との賃貸借契約が長期になる場合は、賃貸借契約を締結する前に建物の大規模修繕を行なうことをお勧めします。

　賃貸借契約期間中に、「排水管から水漏れがある」「空調設備が故障し停止した」などの事象が発生すれば、借主に多大な迷惑がかかります。スーパーマーケットなどが借主で、数日間も休業しなければならない場合は損害賠償を請求されるかもしれません。

　大規模修繕をどこまで行なうかによって、後継借主との賃貸借契約

期間を設定するという考え方もありますが、いずれにせよ、建物設備について貸主が十分理解しておくことが必要です。

　念のため借主候補者による内見を実施することをお勧めします。借主候補者は既存建物を、そのまま使用する場合もありますが、修繕したり増改築したりすることを検討している場合があります。どの程度の修繕や増改築が可能であるか、現地で確認してもらいます。内見にあたっては普段立ち入らない場所への立ち入りを求められる場合があります。貸主は、建物の設備関係に詳しい担当者を同席させます。建築図面や設備関係の修繕履歴がわかる資料も準備しておきましょう。

　そうした居抜き物件で「借主を探してきてほしい」という依頼があった事例を次項で紹介します。

築20年の建物の借主を
探索し賃貸した事例

　B社は、中部地方に保有する土地を商業テナントY社に土地貸し（借地）していました。賃貸借契約期間は20年でしたが、期間満了を2年半後に控えていました。

　もう少し詳しく経緯を説明すると、B社は17年前にY社と事業用定期借地権で賃貸借契約を締結しました。月額賃料は賃貸借契約期間が開始して数年間は低く、その後、段階的に上がるという設定でした。しかしその後の経済環境の変化を背景に、Y社はB社に対し月額賃料引き下げ要請をしました。B社が断ると、Y社は賃料減額を請求する裁判を起こしました。それも2回です。B社は裁判を起こすような商業テナントとは一切かかわりを持ちたくないと考え、賃貸借契約期限が到来したら再契約を行なわず、他の借主に賃貸することを検討しました。

　B社はY社に知られずに新たな借主を探索することを決断し、希望する賃貸借条件を決めることにしました。

　大きく2点、土地貸し（借地）であること、月額賃料は一定の金額以上であるということでした。また、B社の希望条件ではないのですが、年始挨拶のたびに地元商店街や行政から「大型商業施設を閉めないで欲しい」言われていたので、できれば商業テナントに賃貸したいと考えました。

　まずは用途地域、建蔽率、容積率を確認しました。用途地域から住居系、事務所系、商業系、倉庫系の建物が建築可能でした。ただ対象地面積が1万坪以上あり、住居系や事務所系では容積率を十分に使うことはむずかしいと判断し、商業系と倉庫系を借主候補者として検討を進めることを提案しましたが、地元商店街や行政からの要望もある

ので、まずは商業テナントを借主候補者として検討することにしました。

　対象地面積の広さやエリアから、商業テナントや商業施設運営管理会社の4社にターゲットを絞り、声をかけました。まだ商業施設は運営中でしたので、県名や対象地面積など、場所を特定されないような形で相談しましたが、4社中3社は出店を前向きに検討したいとのことでした。

　3社のうち、B社の意向でZ社と話を進めることになりました。Z社は事業用定期借地権での賃貸借契約でもいいとのことでしたが、可能であれば現在の借主であるY社が建築した建物を残置してもらって継続して使用したいとのことでした。建物を残置した場合、Z社にとってはリニューアル工事だけで済むので建物を新築するよりも工事期間が短くなり、「大型商業施設を閉めないでほしい」という地元商店街や行政の要望を少しは叶えることもできます。

　B社にZ社とのやりとりを報告するとともに、不動産登記事項証明書に銀行の抵当権が設定されているので、抹消するよう依頼しました。借主は賃貸借契約を締結する前に抵当権が設定されていることを嫌がります。賃貸借契約の条件交渉をする際に、必ず抵当権を抹消するよう要請されることは明らかですので、時間的に余裕があるいまから銀行と交渉を進めてもらいました。

　ここで注意すべき点は、仮にZ社が築20年の既存商業施設をリニューアルして出店した場合、B社とZ社の賃貸借契約期間中に、建物が老朽化して既存商業施設を取り壊し、建物の再建築を行なう可能性があるということです。再建築の時期はわかりませんが、10年後かもしれませんし15年後かもしれません。このときには、B社の担当者も銀行の担当者もZ社の担当者も同じように集まれる可能性は低いはずです。このときにも抵当権が設定されていないことをZ社は求めてくるはずです。そのときにトラブルにならないように、B社、銀行、Z社で覚書を締結する必要性があることをB社に説明しました。

B社とY社の事業用定期借地権の賃貸借契約期間満了を2年後に控えた頃、Y社担当者がB社に対し賃貸借契約を更新したいと打診してきました。B社としては賃料減額裁判を2回も起こされているので、「更新は絶対にあり得ない」と返答しました。

　しばらくしてY社担当者が役員を引き連れて再びB社を訪れ、「裁判は前の担当者が行なったもので私が行なったのではない。私は賃料減額交渉を絶対に行なわないから更新して欲しい」と再度打診してきました。さすがにB社は呆れてしまい、Y社との賃貸借契約更新はしないと決意を新たにしました。

　Y社は契約更新を断念しましたが、次は賃貸借契約期間満了日まで営業をし、その後、建物を解体し更地にしてから土地を返還したいと言い出しました。

　事業用定期借地権は土地貸し（借地）ですから、賃貸借契約期間満了日までにY社は建物解体を終えて更地にし、貸主であるB社に返還しなければなりません。当然B社はZ社と賃貸借契約を締結する予定ですから、「賃貸借契約満了日以後に建物を解体することも認められない」と返答しました。

　ただZ社がY社の建築した商業施設の残置を希望していましたので、B社はY社に対して、「賃貸借契約期限満了日の1か月前まで営業をしていいが、代わりに建物を残置する。建物はY社から新たな借主に対して無償譲渡する」という条件ではどうかと提案しました。

　商業施設を残置するということは、B社が他の商業テナントに賃貸することは確実と考えることは当然で、Y社にとってはむずかしい判断であったと思いますが、1日でも長く営業して売上高を上げられる、建物解体費用が不要となる、というメリットをY社は選択し、B社の提案を受け入れることになりました。

　ここからB社は、現在の借主Y社、次の借主Z社、銀行、弁護士、税理士とそれぞれとの交渉が始まりました。具体的な交渉項目は、Y社が建物を残置しB社に無償譲渡することについて税金はかからな

いか、無償譲渡する日付はいつにするのか、銀行の設定した抵当権はいつ抹消するのか、B社とZ社が事業用定期借地権の賃貸借契約を締結する前に建物が存在しているのはいいのか、地元商店街や行政にはいつ誰が説明を行なうのか……などでした。Y社の商業施設で働いていた方のうち、希望される方については優先的にZ社の商業施設で雇用されることにもしました。

　無事、Y社との賃貸借契約期間を終了し引き続きZ社との賃貸借契約期間がスタートしたので、B社は月額賃料を途切れることなく収受することができました。

　いまでもZ社の商業施設は順調に営業しています。

「消防検査に合格しているから問題なし」を信用してはダメ

　「老朽化した工場が火災した」「壁が剥落し通行人にケガをさせた」というニュースが報道されると、経営者は「うちの工場や倉庫は大丈夫なんだろうな」と総務部や管財部に尋ねるようです。

　総務部や管財部は工場や倉庫の現場の責任者に確認を取り、「当社の工場や倉庫は消防検査に合格しているから問題ありません」と経営者に回答します。経営者は一安心ということでニュースのことは忘れてしまいます。

　しかし、これはいちばん危ないパターンです。

　消防署による立入検査は、防火対象物や危険物施設などに対して、建物や設備が消防法令にもとづく基準に適合しているか否かを消防署員が定期的に検査するものです。この検査はあくまでも消防法令にもとづくものです。電気設備が老朽化していて漏電の可能性がある、新築当初になかった庇を増築している、壁に浮きが出ておりいつ剥落するかがわからない、建物内に中2階を増築している、新たな設備を通すために柱を切断している、といった点については消防検査対象になる場合がありますが、やはりあくまでも消防法令にもとづく検査だけです。

　庇の増築、中2階の増築、柱の切断については、建築基準法に抵触する行為ですので、建築基準法にもとづき使用禁止命令や是正命令が出される可能性があります。実際に命令が出されると本業への影響は計りしれません。また電気設備の老朽化や壁の浮きについても、予期せぬ多額の大規模修繕費の支出となり、キャッシュフローや損益計算書への影響は計りしれません。

　経営者は「消防検査に合格しているから問題なし」という発言を鵜呑みにするのではなく、顕在化していない経営リスクが存在しているという危機意識を持って対応しましょう。

The Essential Guide to
Corporate Real Estate

第 7 章

社外への賃貸・売却にあたって必要な手続き①
「公図」などでチェックすべきポイント

地図や公図などの書類を
用意する

　ここまでに説明してきたように、社外への賃貸を検討する場合でも、社外への売却を検討する場合でも、事前準備なく不動産仲介会社に相談するのではなく、まずは自社で借主候補者や買主候補者を想定することが重要なポイントです。候補者を想定することでどの不動産賃貸借仲介会社や不動産売買仲介会社に相談すればいいかがはっきりしますし、適切な不動産賃貸借仲介会社を貸主側不動産賃貸借仲介会社に、適切な不動産売買仲介会社を売主側不動産売買仲介会社に立てることができるようになり、より良い結果が得られる可能性が高まります。

　本章では、借主や買主を想定する際に必要となる公図のチェック手順や自分の足で実際に調べてみるときのポイントについて説明します。

◉地図を準備する

　一般の書店で販売されている地図を準備し、鉄道の最寄駅と、対象地の両方が載っている広域地図を準備します。インターネットから取得した地図でもかまいませんが、できる限り最新版でさまざまな情報が記載してある地図を準備します。

　最寄駅と対象地の場所に印をつけます。方位と縮尺も記載します。借主候補者や買主候補者がこの地図を見たときに、対象地は最寄駅からどの方角に何キロ程度歩く場所なのか、大型商業施設や公園、国道などがどの辺りにあるかをつかめるように見せ方を工夫します。対象地のことは十分理解しているかもしれませんが、周辺環境を含めて再度自社でも確認します。

　次に、対象地近隣の状況がわかる詳細地図を準備します。不動産仲介会社はゼンリン社の『ゼンリン住宅地図』を使用することが一般的

です。

　対象地を赤枠で囲みます。広域地図と同様に、方位と縮尺を記載します。借主候補者や買主候補者が、対象地の隣地には何があるのか、前面道路の幅員は広いのか狭いのかなどをつかめるように見せ方を工夫します。Google社のストリートビューを活用するのもいいでしょう。

●公図と登記事項証明書を取得する

　「公図」とは、不動産登記法第14条の規定で登記所に備え付けることとされている地図が備え付けられるまでのあいだ、これに代えて登記所に備え付けることとされている「地図に準ずる図面」のことです。実際に取得するとわかりますが、色のないステンドグラスのようなもので、線のみで描かれており、1つの枠のなかに番号が1つ記載されています（この番号を「地番」といいます）。駅やインターチェンジといった情報は記載されていません（**図表7-1**）。

図表7-1 ● 公図のイメージ

「登記事項証明書」とは、登記記録に記録されている事項の全部または一部を証明した書面のことです。登記事項証明書には、商業・法人登記に関するものもありますので、不動産の登記事項証明書を取得します（**図表7-2**）。

公図や登記事項証明書を交付請求して取得するために、登記所（法務局、地方法務局、支局、および出張所）へ行きます。申請にあたり印紙代が必要となります。事前に所定の手続きを行なうことによってインターネット上で登記情報を確認することや、公図や登記事項証明書を最寄りの登記所や法務局証明サービスセンターで受け取ったり郵送で受け取ったりすることもできます。登記所で取得するよりも手数料が安くなります。法務局のホームページで手続き方法が掲載されていますので参考にしてください。

交付請求をするための用紙は法務局に備え付けられています。交付請求するための手数料は現金で支払うのではなく、印紙を添付して支

図表7-2 ● 登記事項証明書のイメージ

様式例・1

表　題　部	（土地の表示）	調製	余白		不動産番号	0000000000000
地図番号	余白	筆界特定	余白			
所　在	特別区南都町一丁目			余白		

①　地　番	②地目	③　地　積　㎡	原因及びその日付〔登記の日付〕
101番	宅地	300：00	不詳〔平成20年10月14日〕

所有者	特別区南都町一丁目1番1号　甲　野　太　郎

権　利　部　（甲区）　（所　有　権　に　関　す　る　事　項）			
順位番号	登　記　の　目　的	受付年月日・受付番号	権　利　者　そ　の　他　の　事　項
1	所有権保存	平成20年10月15日第637号	所有者　特別区南都町一丁目1番1号　　甲　野　太　郎
2	所有権移転	平成20年10月27日第718号	原因　平成20年10月26日売買所有者　特別区南都町一丁目5番5号　　法　務　五　郎

図表7-3 ◉ 申請書のイメージ

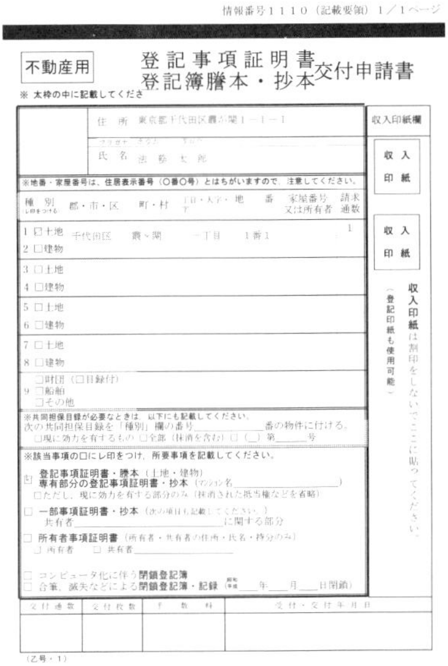
情報番号1110（記載要領）1／1ページ

不動産用　登記事項証明書 登記簿謄本・抄本 交付申請書

※ 太枠の中に記載してください

住所　東京都千代田区霞ヶ関1－1－1
氏名　法務太郎

※地番・家屋番号は、住居表示番号（○番○号）とはちがいますので、注意してください。

種別（レ印をつける）　郡・市・区　町・村　丁目・大字・字　地番　家屋番号又は所有者　請求通数

1 ☑土地　2 □建物　千代田区　霞ヶ関　一丁目　1番1　1
3 □土地　4 □建物
5 □土地　6 □建物
7 □土地　8 □建物
9 □財団（□目録付）□船舶 □その他

※共同担保目録が必要なときは、以下にも記載してください。
次の共同担保目録を「種別」欄の番号＿＿番の物件に付ける。
□現に効力を有するもの　□全部（抹消を含む）　□（＿）第＿＿号

※該当事項の□にレ印をつけ、所要事項を記載してください。

☑ 登記事項証明書・謄本（土地・建物）
専有部分の登記事項証明書・抄本（マンション名＿＿＿＿）
□ただし、現に効力を有する部分のみ（抹消された抵当権などを省略）

□ 一部事項証明書・抄本（次の項目も記載してください。）
共有者＿＿＿＿に関する部分

□ 所有者事項証明書（所有者・共有者の住所・氏名・持分のみ）
□所有者　□共有者＿＿＿＿

□ コンピュータ化に伴う閉鎖登記簿
□ 合筆、滅失などによる閉鎖登記簿・記録（昭和・平成＿＿年＿＿月＿＿日閉鎖）

収入印紙欄　収入印紙　収入印紙
（登記印紙も使用可能）
収入印紙は割印をしないでここに貼ってください。

交付通数　交付枚数　手数料　受付・交付年月日

（乙号・1）

払います。印紙は、法務局の公図や登記事項証明書を交付請求する窓口の近くで販売されています。交付請求する件数が多い場合は、数千円から数万円の印紙が必要になる場合があります。慣れていない方は、交付請求するときに印紙を添付せず、公図や登記事項証明書を受け取るときに印紙を手渡します。これによりムダな印紙を添付せずに済みます（**図表7-3**）。

公図や登記事項証明書は、普段の生活で使用している「住所」を申請書に記載して交付申請しても取得できません。市区町村役場に備え付けてある「住居表示台帳」で、住所に対応する「地番」を確認したうえで交付請求する必要があります。ゼンリン社の『ブルーマップ』で地番を確認することもできますが、必ずしも最新情報が反映されているわけではありませんので、注意してください（法務局にも住居表示台帳やブルーマップが置かれている場合があります）。

普段の生活で使用している「住所」は建物に付番されています。一

方「地番」は土地に付番されています。ですから、厳密にいうと更地になっている土地に「住所」はありません。また、1区画の土地と1つの地番が対になっているわけではありません。多くの場合、1区画の土地は複数の地番で構成されていますので、注意してください（**図表7-4**）。

　住居表示台帳やブルーマップで対象地の地番を確認し、対象地の中央にある地番の公図を登記所にて交付請求します。実際の土地形状と公図を見比べながら、対象地を構成していると思われるすべての地番を確認します。実際の土地形状と公図の土地形状が合致しない場合があります。隣接する土地の地番も確認します（**図表7-5**）。

　次に、対象地を構成していると思われるすべての地番の「登記事項証明書」を交付請求します。手数料が余分にかかりますが、隣接する土地の地番の「登記事項証明書」も交付請求します。交付申請にあたっては、過去の不動産の状況を調べるため、閉鎖謄本（閉鎖事項証明書）も合わせて取得します。隣地を含めて登記事項証明書を取得したら、表題部に記載された地番と公図を見比べ、すべての地番分の登記事項証明書を取得したことを確認します。これにより対象地が明確になります。

　次に、登記事項証明書の権利部（甲区）（所有権に関する事項）に記載されている所有者を確認します。下線が引かれていないほうが現在の所有者となります。仮登記や差押の登記がなされていると権利関係が変わってきますので、抹消の有無およびその詳細事項についても確認します（170頁**図表7-6**）。

　ここで、隣接する土地の地番の登記事項証明書に記載された所有者について留意点があります。

　記載された所有者が本当の所有者とは限りません。これは日本の登記制度では、登記事項証明書には公示力はあっても公信力がないからです。通常は真実の権利関係と登記されている内容は同じですが、仮に登記されている内容が異なっていて、信用したとしても保護されな

図表7-4 ● 一区画の土地のなかに地番はたくさんある

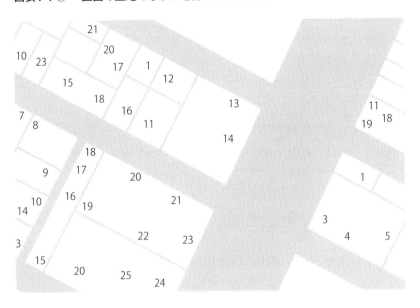

図表7-5 ● 登記事項証明書は隣地分も取得する

自社所有地であり対象地なので
取得する地番
他の丸印は、隣地だが
取得する地番

いということです（例外はあります）。ただこの調査段階では隣地については関係がありませんので、真実の権利関係を調べる必要はありません。自社の土地と他人の土地が明確に分離できれば結構です。

　対象地に隣接する土地の登記事項証明書のいずれかの地目が「道路」となっていることを確認します。対象地の四方が他人名義の「宅地」などで囲まれていて、地目が「道路」の登記事項証明書がない場合は注意が必要です。現地では道路のようにみえていても、建物を建築するにあたっての「道路」に接していない可能性があります。道路としてみなされない場合、原則として建物を建築することができません。つまり、建物の所有を目的とする借主は対象地を賃借しないということになります（社外への売却の場合は、隣地の所有者が購入する可能性はあります）。

　次に、対象地の登記事項証明書に記載されている地積（土地の面積）を合算し、対象地の土地面積を把握します。これを「公簿面積」とい

図表7-6 ● 登記事項証明書のイメージ

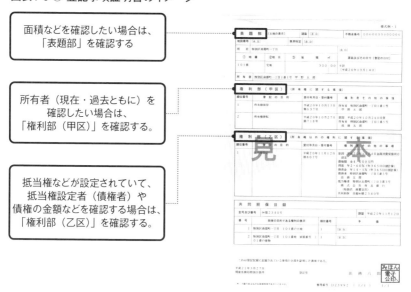

172

います（**図表7-7**）。

　建物の登記事項証明書は、「地番上の建物」として交付請求すると取得できます。土地と同様、普段使用している「住所」では交付請求できません。建物がある場所を公図から想定し、1つの地番を選定し「地番上の建物」の登記事項証明書を交付請求します。対象地を構成するすべての地番ごとに「地番上の建物」の登記事項証明書を交付請求する必要はありません（次ページ**図表7-8**）。

図表7-7 ● 手順のフローチャート

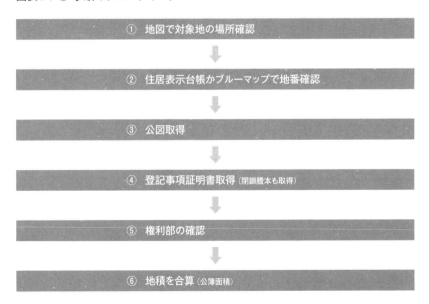

① 地図で対象地の場所確認

② 住居表示台帳かブルーマップで地番確認

③ 公図取得

④ 登記事項証明書取得（閉鎖謄本も取得）

⑤ 権利部の確認

⑥ 地積を合算（公簿面積）

図表7-8 ● 地番選定のイメージ

枠で囲っている部分のうち、建物（破線）が乗っていると思われる土地部分の地番の登記事項証明書を取得する

在　特別区東都町1丁目　　　地　番　100番1

用途地域、前面道路の幅員や接道状況などを確認する

◉用途地域を調べる

　対象地が不動産に関するさまざまな法律によりどのような規制を受けるかについて調査を行ないます。そのなかでもとくに、都市計画法と建築基準法による規制内容の調査が重要です。

　「〇〇はオフィス街だよね」「△△は閑静な住宅街だよね」「今夜飲みに行こう。飲み屋が多い□□に集合かな」といった会話ができたり、地図上でも住宅が集まる地域、商業店舗が集まる地域、工場や倉庫が集まる地域と大きなくくりができたりするのは、土地には用途地域というものが定められていて、用途地域ごとに建築可能な建物が決まっているからです（詳細は建築基準法別表第二を参照）（次ゞ**図表7-9**）。

　日本では都道府県（複数の都道府県にまたがる場合は国土交通大臣）が都市計画区域という区域を指定しています。都市計画区域には、市街化区域と市街化調整区域を定めることができます。

　市街化区域は優先的かつ計画的に市街化を進める区域、市街化調整区域は市街化を抑制する区域となります。市街化調整区域では開発行為は原則として抑制され、都市施設の整備も原則として行なわれないので、まずは対象地が市街化区域にあることを確認します（市街化区域以外の場合は行政との折衝が必要）。

　市街化区域には都市計画法にもとづき用途地域が定められています（用途地域の指定のない区域も存在します）。用途地域は市区町村役場で確認することができます。市区町村役場のホームページで確認できる場合もあります。

　用途地域は13あり（2019年8月現在）、大きく「住居系」「商業系」「工業系」に分類することができます。用途地域によって建築できる建物

図表7-9 ● 用途地域による建築物の用途制限の概要

用途地域内の建築物の用途制限 ○建てられる用途 ×建てられない用途 ①、②、③、④、▲、■:面積、階数等の制限あり	第一種低層住居専用地域	第二種低層住居専用地域	第一種中高層住居専用地域	第二種中高層住居専用地域	第一種住居地域	第二種住居地域	準住居地域	田園住居地域	近隣商業地域	商業地域	準工業地域	工業地域	工業専用地域	備考
住宅、共同住宅、寄宿舎、下宿	○	○	○	○	○	○	○	○	○	○	○	○	×	
兼用住宅で、非住宅部分の床面積が、50㎡以下かつ建築物の延べ面積の2分の1未満のもの	○	○	○	○	○	○	○	○	○	○	○	○	×	非住宅部分の用途制限あり。
店舗等 店舗等の床面積が150㎡以下のもの	×	①	②	③	○	○	○	①	○	○	○	○	④	①日用品販売店舗、喫茶店、理髪店、建具等のサービス業用店舗のみ。2階以下。
店舗等の床面積が150㎡を超え、500㎡以下のもの	×	×	②	③	○	○	○	■	○	○	○	○	④	②①に加えて物品販売店舗、飲食店、損保代理店・銀行の支店・宅地建物取引業者等のサービス業用店舗のみ。2階以下。
店舗等の床面積が500㎡を超え、1,500㎡以下のもの	×	×	×	③	○	○	○	×	○	○	○	○	④	
店舗等の床面積が1,500㎡を超え、3,000㎡以下のもの	×	×	×	×	○	○	○	×	○	○	○	○	④	③2階以下
店舗等の床面積が3,000㎡を超え、10,000㎡以下のもの	×	×	×	×	×	○	○	×	○	○	○	○	④	④物品販売店舗及び飲食店を除く。
店舗等の床面積が10,000㎡を超えるもの	×	×	×	×	×	×	×	×	○	○	○	×	×	■農産物直売所、農家レストラン等のみ。2階以下。
事務所等 事務所等の床面積が150㎡以下のもの	×	×	▲	▲	○	○	○	×	○	○	○	○	○	
事務所等の床面積が150㎡を超え、500㎡以下のもの	×	×	▲	▲	○	○	○	×	○	○	○	○	○	
事務所等の床面積が500㎡を超え、1,500㎡以下のもの	×	×	×	▲	○	○	○	×	○	○	○	○	○	▲2階以下
事務所等の床面積が1,500㎡を超え、3,000㎡以下のもの	×	×	×	×	○	○	○	×	○	○	○	○	○	
事務所等の床面積が3,000㎡を超えるもの	×	×	×	×	○	○	○	×	○	○	○	○	○	
ホテル、旅館	×	×	×	×	▲	○	○	×	○	○	○	×	×	▲3,000㎡以下
遊戯施設・風俗施設 ボーリング場、スケート場、水泳場、ゴルフ練習場等	×	×	×	×	▲	○	○	×	○	○	○	○	×	▲3,000㎡以下
カラオケボックス等	×	×	×	×	×	▲	▲	×	○	○	○	▲	▲	▲10,000㎡以下
麻雀屋、パチンコ屋、射的場、馬券・車券発売所等	×	×	×	×	×	▲	▲	×	○	○	○	▲	×	▲10,000㎡以下
劇場、映画館、演芸場、観覧場、ナイトクラブ等	×	×	×	×	×	×	▲	×	○	○	○	×	×	▲客席及びナイトクラブ等の用途に供する部分床面積200㎡未満
キャバレー、個室付浴場等	×	×	×	×	×	×	×	×	×	○	▲	×	×	▲個室付浴場等を除く。
公共施設・病院・学校等 幼稚園、小学校、中学校、高等学校	○	○	○	○	○	○	○	○	○	○	○	×	×	
大学、高等専門学校、専修学校等	×	×	○	○	○	○	○	×	○	○	○	×	×	
図書館等	○	○	○	○	○	○	○	○	○	○	○	○	×	
巡査派出所、一定規模以下の郵便局等	○	○	○	○	○	○	○	○	○	○	○	○	○	
神社、寺院、教会等	○	○	○	○	○	○	○	○	○	○	○	○	○	
病院	×	×	○	○	○	○	○	×	○	○	○	×	×	
公衆浴場、診療所、保育所等	○	○	○	○	○	○	○	○	○	○	○	○	○	
老人ホーム、身体障害者福祉ホーム等	○	○	○	○	○	○	○	○	○	○	○	○	×	
老人福祉センター、児童厚生施設等	▲	▲	○	○	○	○	○	○	○	○	○	○	○	▲600㎡以下
自動車教習所	×	×	×	×	▲	○	○	×	○	○	○	○	○	▲3,000㎡以下
単独車庫(附属車庫を除く)	×	×	▲	▲	▲	▲	○	×	○	○	○	○	○	▲300㎡以下2階以下
建築物附属自動車車庫 ①②③については、建築物の延べ面積の1／2以下かつ備考欄に記載の制限	※一団地の敷地内について別に制限あり。													①600㎡以下1階以下 ②3,000㎡以下2階以下 ③2階以下
倉庫業倉庫	×	×	×	×	×	×	○	×	○	○	○	○	○	
自家用倉庫	×	×	×	①	②	○	○	■	○	○	○	○	○	①2階以下かつ1,500㎡以下 ②3,000㎡以下 ■農産物及び農業の生産資材を貯蔵するものに限る。
畜舎(15㎡を超えるもの)	×	×	×	×	▲	○	○	▲	○	○	○	○	○	▲3,000㎡以下
工場・倉庫等 パン屋、米屋、豆腐屋、菓子屋、洋服店、畳屋、建具屋、自転車店等で作業場の床面積が50㎡以下	×	▲	▲	▲	○	○	○	▲	○	○	○	○	○	原動機の制限あり。▲2階以下
危険性や環境を悪化させるおそれが非常に少ない工場	×	×	×	×	①	①	①	■	②	②	②	○	○	原動機・作業内容の制限あり。作業場の床面積 ①50㎡以下②150㎡以下 ■農産物を生産、集荷、処理及び貯蔵するものに限る。
危険性や環境を悪化させるおそれが少ない工場	×	×	×	×	×	×	×	×	②	②	②	○	○	
危険性や環境を悪化させるおそれがやや多い工場	×	×	×	×	×	×	×	×	×	×	○	○	○	
危険性が大きいか又は著しく環境を悪化させるおそれがある工場	×	×	×	×	×	×	×	×	×	×	×	○	○	
自動車修理工場	×	×	×	×	①	①	②	×	③	③	○	○	○	原動機の制限あり。作業場の床面積 ①50㎡以下②150㎡以下③300㎡以下
火薬、石油類、ガスなどの危険物の貯蔵・処理の 量が非常に少ない施設	×	×	×	①	②	○	○	×	○	○	○	○	○	①1,500㎡以下2階以下
量が少ない施設	×	×	×	×	×	×	×	×	○	○	○	○	○	②3,000㎡以下
量がやや多い施設	×	×	×	×	×	×	×	×	×	×	○	○	○	
量が多い施設	×	×	×	×	×	×	×	×	×	×	×	○	○	

注1:本表は、改正後の建築基準法別表第二の概要であり、全ての制限について掲載したものではない。
注2:卸売市場、火葬場、と畜場、汚物処理場、ごみ焼却場等は、都市計画区域内においては都市計画決定が必要など、別に規定あり
出所:東京都都市整備局ホームページ

の種類が決まっています。

　たとえば、用途地域が工業地域の場合、店舗部分の面積が1万平方メートルを超える商業店舗の建物を建築することはできません。借主や買主を想定するにあたり重要な調査項目となりますので、慎重に確認してください。建築できる建物について、地域によって若干運用が異なりますので注意してください。実際に建築する建物と使用用途が確定したら、市区町村役場で建築が可能か確認することができます。

　対象地が2つ以上の用途地域にまたがっている場合は、いわゆる「用途過半」ルールが適用され、土地面積が広いほうの用途地域が適用されます。

　どこから何メートルの地点が境界線なのか、市区町村役場の担当者に確認してください。道路の端から20メートルというように定められている場合が多いのですが、どこを道路の端というのかにより、境界線が数メートル変わります（**図表7-10**）。建物用途の決定や建物図

図表7-10 ● どこが境界線かを確認することは大切

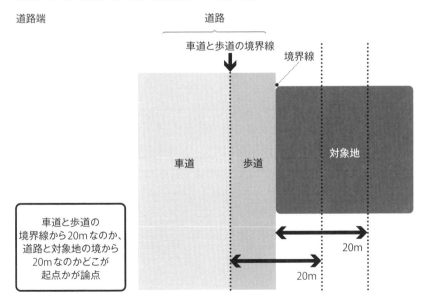

面を作成する場合は注意が必要です。

◉建蔽率と容積率を調べる

　用途地域と合わせ、建蔽率と容積率を調べます。市区町村役場で確認することができます。市区町村役場のホームページで確認できる場合もあります。

　建蔽率は、建築物の建築面積の対象地面積に対する割合をいいます。用途地域ごとに定められています。ただし、対象地が特定行政庁の指定する角地にある場合や、対象地が防火地区内にあり耐火建築物を建築する場合には建蔽率制限は緩和されます（**図表7-11**）。

　容積率は、建築物の延べ面積の対象地面積に対する割合をいいます。用途地域ごとに定められています。ただし、対象地の接する前面道路の幅員が12メートル未満である場合には、制限が課されます（**図表7-12**）。

　たとえば、建蔽率60％、容積率300％と決められていた場合、対象地の土地面積を100坪とすると、上空から建物を見たときの面積は100坪×建蔽率60％の60坪が上限となります。そして、建物全体の面積は100坪×容積率300％の300坪となります。イメージとしては、5階建て（300坪÷60坪）程度の建物が建てられそうだということになります（ただし、前面道路の幅員による制限、高さ規制、斜線規制などの規制がありますので、ざっとしたイメージとしてとらえてください）。

　対象地がいくつかの建蔽率や容積率がまたがっている場合は、どこから何メートルのところが境界線なのか、市区町村役場で確認してください。建蔽率や容積率は、用途地域で触れた過半ルールは適用されず、「面積按分比例」となります。

◉道路について調べる

　対象地に接する道路の「種別」と「幅員」について確認します。接する道路が国道、都道府県道、市区町村道ではなく、幅員4メートル

図表7-11 ● 建蔽率とは何か

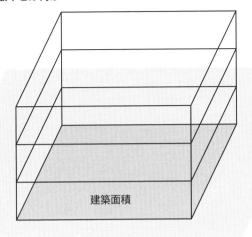

建築面積

敷地面積

建蔽率＝建築面積÷敷地面積

図表7-12 ● 容積率とは何か

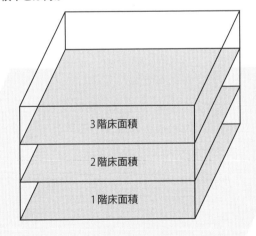

3階床面積

2階床面積

1階床面積

敷地面積

容積率＝延床面積（各階合計床面積）÷敷地面積

図表7-13 ● 接道と幅員とは何か

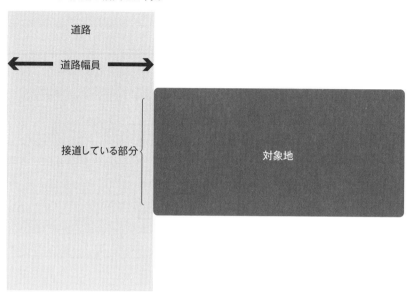

未満であれば慎重に確認してください。幅員4メートルというのは、乗用車がギリギリすれ違えるかどうか、普通の感覚でみたら1台通行できる程度の幅員です。市区町村役場で調べることができます（**図表7-13**）。

　都市計画区域および準都市計画区域内において、建築物の敷地は「道路」に2メートル以上接していなければなりません。ここでいう「道路」は、現地で歩ける状態になっている道のことではありません。建物を建築するときに則る建築基準法で決められている道路の定義に合致したものをいいます。

◉道路の定義とは？

　道路とは原則として幅員4メートル以上のものを指し、以下のように定められています（抜粋）。

①道路法による道路（高速自動車国道、一般国道、都道府県道、市町村道。建築基準法42条1項1号）

②都市計画法、土地区画整理法、旧住宅地造成事業に関する法律、都市再開発法、新都市基盤整備法、大都市地域における住宅及び住宅地の供給の促進に関する特別措置法、密集市街地整備法による道路（42条1項2号）

③都市計画区域若しくは準都市計画区域の指定若しくは変更又は第68条の9第1項の規定にもとづく条例の制定若しくは改正によりこの章の規定が適用されるに至つた際現に存する道（42条1項3号）

④道路法、都市計画法、土地区画整理法、都市再開発法、大都市地域における住宅及び住宅地の供給の促進に関する特別措置法又は密集市街地整備法による新設又は変更の事業計画のある道路で、2年以内にその事業が執行される予定のものとして特定行政庁が指定したもの（42条1項4号）

⑤土地を建築物の敷地として利用するため、道路法、都市計画法、土地区画整理法、都市再開発法、新都市基盤整備法、大都市地域における住宅及び住宅地の供給の促進に関する特別措置法又は密集市街地整備法によらないで築造する政令で定める基準に適合する道で、これを築造しようとする者が特定行政庁からその位置の指定を受けたもの（42条1項5号、通称「位置指定道路」）

⑥現に建築物が立ち並んでいる幅員4メートル未満の道で、特定行政庁の指定したもの（42条2項）

　対象地が上記⑥の道路に接している場合は、実際の道路と対象地の境界が境界線ではなく、その道路の中心線から2メートルの線が道路境界線とみなされます（一部例外があります）。

　道路境界線を対象地側へ後退させることを「セットバック」といいます。道路境界線が後退した部分は、建蔽率や容積率の算入上の対象地面積から除外され、外壁や門塀後退義務が生じ、建物を建築するこ

図表7-14 ● セットバックとは何か

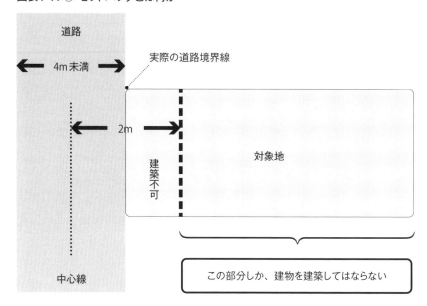

道路

4m未満

実際の道路境界線

2m

対象地

建築不可

中心線

この部分しか、建物を建築してはならない

とができません（**図表7-14**）。

　また、接する道路の幅員が12メートル未満であれば容積率が制限されます。幅員12メートルとは、路線バスが通れる幅員の道路で、およそ3車線分です。対象地が幅員12メートルの道路に接道していることは稀です。都市計画で定められる容積率の最高限度(指定容積率)と、前面道路の幅員によって定まる容積率の最高限度のうち、いずれか小さいほうの値に制限されます。用途地域が住居系の場合は前面道路幅員に乗じる数値は原則として4／10、商業・工業系の場合は原則として6／10となります。

　たとえば前面道路が4メートルの場合、住居系は4メートル×4／10＝160％、商業・工業系は4メートル×6／10＝240％となります。指定容積率が300％でも、住居系では160％、商業・工業系では240％が上限になるということです。

　その他、容積率の制限の特例が多数ありますので、実際に設計図面

を作成する段階では注意が必要です。

　また、道路拡張予定があって、対象地の一部が将来道路になる場合は、拡張予定部分には建築物が建てられない場合があります。道路拡張予定時期によりどのような建物を建築することができないかが変わりますので、市区町村役場で確認します。

現地へ行って調べるべきこと

◉歩いてみることが大切

　鉄道の最寄駅から対象地へは、歩いて向かいます。徒歩で20分以上かかりそうであれば、バスを利用してもかまいませんが、タクシーで向かうことは避けます。エリアの雰囲気を知ることができないからです。帰りも歩いて最寄駅に戻ります。この際、できる限り、行きとは異なる道を歩きます。できれば時間帯を変えて何度も歩き、周辺の商業施設を見て回ります（**図表7-15**）。

図表7-15 ◉ 対象地までは歩くのが基本

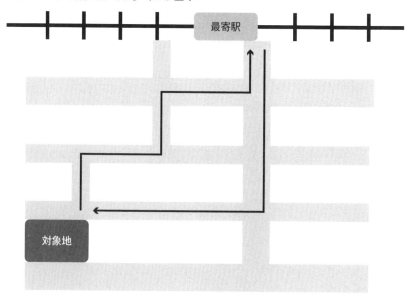

◉スーパーマーケットへ行く

　対象地があるエリアの雰囲気を確認するために、最寄駅や対象地の近くにあるスーパーマーケットへ行きます。納豆、牛乳、お茶やジュースなどのペットボトルの値段を日常買い物に行っているスーパーマーケットと比較します。対象地の近くにあるスーパーマーケットのほうが商品の値段が高ければ世帯所得が高い、惣菜（中食）が充実していれば共働き世帯が多いなど、ある程度、エリアの雰囲気を想像することができます。なお、確認する商品は、全国どこでも販売されている商品であれば何でもかまいません。

　また、駐車場があれば、どのようなクルマが多いかを確認します。外車が多いのか軽自動車が多いのか、およそで結構です。たとえばワンボックスカーが多いのであれば、子供が小学生ぐらいまでのファミリー層が多いと想像することができます。

◉境界について調べる

　公図や登記事項証明書で、対象地が道路に接していることはすでに確認しました。登記事項証明書で地積（公簿面積）も確認しましたが、建物を建築するときは、対象地で測量を行ない、実際の土地面積を算出する必要があります。

　このときに、隣地との境界線が定まっていないと正確に測量を行なうことができません。過去に隣地の所有者と境界についての確認書を取り交わしていないかを確認します。現地に境界杭があれば、過去に境界について確認書を取り交わしている可能性があります（次ページ**図表7-16**）。現地で対象地を境界杭で全周囲むことができるかを確認します。囲めないようであれば、隣地の所有者と境界について確認書を取り交わしていないと考えられます。

　確認書を取り交わしていない場合は事前に確認書を取り交わし、境界を確定します。既存の柵や生垣などが存在していても、その場所が境界線であるとは限りません。

図表7-16 ● 境界杭の例

　過去に、対象地に建物が建っていた場合は、その建物を建築したときの竣工図を探します。測量図が残っているかもしれません。もしくは、法務局へ行き、地積測量図を入手する方法もあります。

　測量図には「地積測量図」「確定測量図」「現況測量図」の３つがあります。

　地積測量図とは、不動産登記法で「一筆の土地の地積に関する測量の結果を明らかにする図面であって、法務省令で定めるところにより作成されるものをいう」と定められている測量図です。道路や隣接する土地との境界が定められたうえで測量されていますので、境界が確定していることになります。地積測量図には、「地番と土地の所在」「面積の求積表」「地番」「面積」「測量年月日」「境界点」が記載されています。法務局で入手できます。

　確定測量図は、地積測量図と同様、隣接する土地との境界が定められたうえで測量した測量図です。地積測量図とほぼ同じです。こちら

図表7-17 ● 越境とはなにか

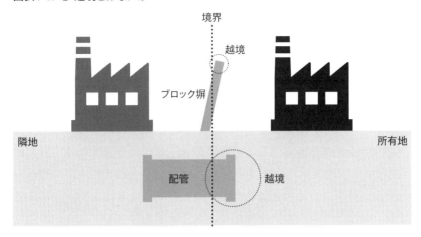

境界

越境

ブロック塀

隣地

所有地

配管

越境

老朽化したブロック塀が傾いてしまったり、過去に使用していた配管が
地中に残置されていることなどにより境界を越境

は所有者が測量したものなので、所有者しか持っていません。

現況測量図は、隣接する土地との境界が定められていない（隣接地の
所有者の了解を得ていない）状態で測量した測量図です。ですから、売買に
は使えないことが一般的です。

●越境物がないことを確認する

現地で境界杭を確認する際、越境物がないかも確認します。対象地
に存する樹木の枝が境界線を超えて隣地に出ていたり、塀が隣地側に
傾いていたりする場合があります（逆の場合もあります）。越境している場
合は是正しますが、隣地から越境している樹木の枝や壁を無断で取り
除くことはできません。必ず隣地の方に取り除いてもらいましょう
（**図表7-17**）。

その他の確認事項など

◉土地面積を確認する

　対象地すべての地番の登記事項証明書に記載された地積を加算し、対象地の土地面積を算出した公簿面積と、隣接した土地との境界を確定し実際に測量を行なって算出した実測面積を比較します。公簿面積と実測面積が同一値であることはほとんどありません。検討初期段階では公簿面積でもかまいませんが、入札要項を作成して社外への賃貸や社外への売却を本格的に検討する段階になると測量を求められる場合が多いので、地積測量図や確定測量図がない場合は事前に測量することをお勧めします。

◉土地の歴史を確認する

　登記事項証明書を交付申請した際、閉鎖謄本（閉鎖事項証明書）も合わせて取得しました。取得した理由は、過去、対象地がどのような使われ方をしていたか、どのような建物があったかを確認するためです（土地台帳を確認するという方法もあります）。過去の使われ方を確認する理由は2つあり、1つは地中に埋設物や障害物がある可能性を確認するため、もう1つは土壌汚染の可能性を確認するためです。

　対象地の借主や買主は対象地に建物を建築することを念頭に置いています。

　建物を建築するとき、建物の大きさや地盤の硬さにより地中に杭を打ち込む場合があります。地中に何も埋まっていなければ杭の打設にあたり問題は生じませんが、過去に建物を解体撤去したとき、地中にある杭を引き抜かずに残置していると、新たに杭を打ち込もうとしたときに、残置されている杭が邪魔で打ち込めない場合があります。

一般的に過去の建物のために打ち込んだ杭を、新たな建物の杭として再使用することはできません。残置された杭を取り除くか、設計をやり直して杭を打ち込む場所をずらして、残置された杭にあたらないようにする必要があります。

　そうすると想定していなかった費用が生じ、その費用は貸主や売主が請求されることになります。そのようなことにならないよう、過去にどのような使われ方をしていたかを事前に確認するのです。

　対象地に過去に建物があったことが判明した場合は、過去の建物の竣工図や解体工事のときの書類が残っていないかを確認します。杭のほか、建物解体の際に発生したセメントガラや廃材を地中に埋めてしまっている場合もあります。

　また、埋立地や山林を切り崩して造成した土地も留意が必要です。埋め立てや造成をしたときに、どこからか土砂を持ち込んできた可能性があります。とくに河川近くの土砂を持ち込んできた場合は大きな岩や石が紛れ込んでいる場合があります。過去の建物を建築したときに何か問題が生じなかったか、社内に残っている資料を確認したり、当時土木工事や建物建築工事を行なった会社に確認をしたりしておくことをお勧めします。

●所有者を確認する

　取得した、対象地すべての登記事項証明書の権利部 (甲区) (所有権に関する事項) を確認します。登記されている社名が、旧社名になっている場合は現在の社名に変更します。関係会社名義になっている場合は親会社へ名義変更を行なうか、関係会社のままにするかを決めます。登記事項証明書の権利部に記載された名義人が貸主または売主であると、借主または買主に判断されるからです。

　複数の会社が記載されている場合は、社外への賃貸または社外への売却について、全員の同意があることを示す同意書や取締役会の議事録が必要になる場合があります。借主や買主から権利を有しているこ

とを確認されますので、事前に整理しておく必要があります。

◉抵当権を抹消する

　取得した、対象地すべての登記事項証明書の権利部（乙区）（所有権以外の権利に関する事項）を確認します。抵当権、根抵当権、地上権、地役権、賃借権などの記載がないかを確認します。

　社外へ賃貸する場合、借主からこれらの抹消を求められます。これは、賃貸借契約期間中に抵当権を実行されてしまったとき、賃貸借契約の継続ができない場合があるからです。

　社外へ売却する場合、買主からこれらの抹消を求められます。

　社外へ賃貸する場合、抵当権の抹消ではなく、新たに賃借権を登記することについての同意登記の設定をする方法もありますが、賃借権を登記すると賃料などの賃貸借条件が登記されてしまい、第三者が賃貸借条件を確認することができるようになってしまいます。貸主、借主の双方にとって最善の方法とはいえません。借主が多店舗展開を行なう商業テナントの場合、他の賃貸借契約への影響を考慮すると同意登記の設定ではなく抵当権などの抹消を求めてくると思われます。抵当権などの抹消をお勧めします。

　抵当権や根抵当権を抹消する手続きは、入札要項（第8章参照）を配布する頃から始めます。抹消手続きに2か月程度必要になりますので、借主が決まってからでは手続きが間に合わない場合があります。社外への賃貸や社外への売却を検討している時点で、抵当権などを設定している銀行などに相談を始めましょう。

土壌汚染について

　2002年に「土壌汚染対策法」が定められました。土壌汚染対策法の目的に「土壌の特定有害物質による汚染の状況の把握に関する措置及びその汚染による人の健康に係る被害の防止に関する措置を定めること等により、土壌汚染対策の実施を図り、もって国民の健康を保護すること」とあります。企業の工場跡地等の再開発等に伴い、重金属や揮発性有機化合物等による土壌汚染が顕在化し、放置すれば人の健康に影響を及ぼすことが懸念された（環境省ホームページ）ため、同法律が定められました。

　土壌汚染状況調査は、

①有害物質使用特定施設に係る工場または事業場の使用を廃止したとき（土壌汚染対策法第3条）

②一定規模以上の土地の形質の変更の届出の際に、土壌汚染のおそれがあると都道府県知事が認めるとき（第4条）

③土壌汚染により健康被害が生ずるおそれがあると都道府県知事が認めるとき（第5条）

④自主調査において土壌汚染調査が判明した場合に土地の所有者等が都道府県知事に区域の指定を申請できる（第14条）

に行なうこととなっています。

　①から③の場合は、対象地の所有者等が指定調査機関に調査をさせて、その結果を都道府県知事に報告することになっています。有害物質使用特定施設とは、水質汚濁防止法第2条第2項に規定する特定施設で、特定有害物質を製造、使用または処理をする施設をいいます。

特定有害物質は26種類あり（2019年8月現在）、第1種、第2種、第3種に分けられています。種別により「土壌ガス調査」「土壌溶出量調査」「土壌含有量調査」のうち、どの調査を行なうかが定められています。

　つまり、対象地に工場がある、過去に工場があった可能性がある場合は、土壌汚染対策法の状況調査を実施する項目に該当する場合があります。過去に工場があった可能性については地歴調査を行ないます。地歴調査の目的は、調査対象物質の特定と土壌汚染のおそれの区分を行なうことです。

　調査方法は、資料収集として登記事項証明書の閉鎖謄本を取得し、権利部（甲区）を確認し、過去に工場などが存在していた可能性を推測します。その他、関係者からの聴取や現地確認、航空写真などによって確認します。

　また、対象地の周辺一帯が埋立地などであり、どこから土砂が搬入されたかが不明の場合や、自然由来などで汚染されている可能性もありますが、その場合も土壌汚染対策法の状況調査の実施項目に該当する場合があります。都道府県庁や市区町村役場で確認します。

　確認をした結果、調査命令を受けたら土壌汚染状況調査を行ないます。土壌汚染状況調査の方法は、土壌汚染のおそれの分類により、試料採取の方法が異なります。

①土壌汚染が存在するおそれが「ない」と認められる土地の場合は、採取しない
②土壌汚染が存在するおそれが「少ない」と認められる土地の場合は、30メートルメッシュで試料採取を行なう
③土壌汚染が存在するおそれが「比較的多い」と認められる土地の場合は、10メートルメッシュで試料採取を行なう

　試料の採取は特定有害物質ごとに測定項目が異なります。

土壌汚染対策法第3条、第4条、第5条の方法のほか、第14条で「自主的な調査によって土壌汚染が判明した場合などには、土地の所有者などが都道府県知事などに区域の指定を申請できること」が定められています。申請する場合には、申請に係る調査の方法および結果その他環境省令で定める事項を記載した申請書を都道府県知事などに提出します。これらにもとづき都道府県知事が「区域の指定」を行ないます。汚染の状態により「要措置区域」または「形質変更時要届出区域」に指定されます。

　借主や買主が、分譲マンションデベロッパー、賃貸マンションや賃貸アパートの運営管理会社、スーパーマーケットなどの食品を扱う商業テナントの場合、土壌汚染調査や土壌汚染改良工事を行なって欲しいと要請してくると考えられます。事前に土壌汚染調査を実施しておくことをお勧めします。

　社外への賃貸の場合、賃貸借期間中に借主が土壌汚染対策法施行令第1条で定められた特定有害物質を使用する可能性があります。賃貸借をする前に土壌汚染状況調査を行ない、賃貸借前は対象地に土壌汚染がなかったことを証明する資料を残しておいたほうがいいでしょう。

「物件概要書」を作成する

　用途地域、建蔽率、容積率、対象地面積、前面道路の種別や幅員、接道状況など、前節で調査・確認した内容をもとに物件概要書を作成します。A4版の用紙に、調査・確認した内容を記載するほか、広域地図と詳細地図も掲載します。

　この物件概要書を作成しておくと、借主候補者や買主候補者と話がしやすくなります（**図表7-18**）。

　当然、不動産仲介会社、デベロッパー、ゼネコン、ハウスメーカー、商業テナント、商業施設運営管理会社などのいわゆるプロは、さらに多くの項目を調査します。電気、ガス管、上水道管、下水道管などのインフラ設備に関する項目のほか、特別高圧電線の有無、雨水などの排水設備、嫌悪施設の有無、航空法対応などがあります。

　これらには、賃貸借や売買を行なうときの重要事項説明書へ記載しなければならない項目が含まれています。場合によっては項目数が数十になります。これら項目の調査については、宅地建物取引業の免許を持つ貸主側不動産賃貸借仲介会社や売主側不動産売買仲介会社にお任せしたほうがいいでしょう。

所在地	住居表示	
	地番	
交通	最寄駅	
	駅徒歩	
土地	面積（公簿）	
	面積（実測）	
	接道	
	前面道路幅員	
	路線価	
	現況	
建物	構造	
	築年数	
	用途	
公法上の規制	用途地域	
	建蔽率	
	容積率	
備考		

広域地図

詳細地図

The Essential Guide to
Corporate Real Estate

第 8 章

社外への賃貸・売却にあたって必要な手続き②
「入札要項」のつくり方

　社外へ賃貸する場合でも社外へ売却する場合でも、物件概要書だけでなく、入札要項を作成することをお勧めします。最終的に体裁を整える作業は貸主側不動産賃貸借仲介会社または売主側不動産売買仲介会社に任せてもいいのですが、貸主の立場として、もしくは売主の立場として希望する条件を明確にしたほうが、借主候補者や買主候補者から提示される賃借条件や購入条件の比較が容易になりますし、より良い条件で賃貸または売却することにつながります。

　社外への賃貸の入札要項に記載すべき項目として、次のようなものがあります。

①建物貸し（借家）の場合（借主が決定してから借主の希望する建物を建築する場合）

・賃貸を検討している不動産の所在地（住居表示、地番表示）
・登記事項証明書に記載してある土地面積を合計した面積
・測量を行なって算出した面積
・地歴調査の結果、土壌汚染調査の結果
・借地借家法にもとづく賃貸借方法の種別
・貸主が負担する建物建築費の上限金額
・貸主が負担する建物の資産区分
・賃貸借条件の比較方法（例：月額賃料の絶対額、建築費などの投資金額に対する月額賃料などの収入の利回り、賃貸借契約期間中の月額賃料の合計金額）
・引渡しまでのスケジュール
・月額賃料の発生日
・月額賃料の終了日

・問い合わせ先と問い合わせ方法

・登記事項証明書（土地）の添付

・公図の添付

・測量図の添付

②土地貸し（借地）の場合

・賃貸を検討している不動産の所在地（住居表示、地番表示）

・登記事項証明書に記載してある土地面積を合計した面積

・測量を行なって算出した面積

・地歴調査の結果、土壌汚染調査の結果

・借地借家法にもとづく賃貸借方法の種別

・貸主が負担する費用項目と上限金額

・賃貸借条件の比較方法（例：月額賃料の絶対額、賃貸借契約期間中の月額賃料の合計金額）

・賃貸借契約終了時の土地の返還方法と状態

・引渡しまでのスケジュール

・月額賃料の発生日

・月額賃料の終了日

・問い合わせ先と問い合わせ方法

・登記事項証明書（土地）の添付

・公図の添付

・測量図の添付

　留意点として以下のようなことがあります。

　公簿面積と実測面積が完全に一致することはほとんどありません。

　月額賃料は、「総額〇〇円」と記載する方法と、「1坪あたり△△円×土地面積□□坪（または建物面積□□坪）」と記載する方法があります。賃料算出を行なう際、どのように表記するか、1坪は何平方メートルと換算するか、公簿面積と実測面積が異なる場合にどちらを用いるか、

について事前に決めておく必要があります。

　必ず測量を行なって実測面積を算出する必要はありませんが、敷地の形状が不整形であったり、借主の希望する建物が建てられるか微妙であったりする場合は、測量することをお勧めします。対象地の面積が広い場合、境界確定作業を含め、測量に数か月を要する場合があります。

　ここまで月額賃料は不変という前提で説明をしていますが、とくに商業系の場合、固定賃料と売上高に応じた変動賃料（売上歩合）という組み合わせや、賃貸借契約期間をいくつかの期間に分けて賃料を設定する（段階賃料）という設定の仕方もあります。

　なお、賃料発生日と終了日については、第９章で詳しく説明します。

　社外への賃貸のときはできる限り入札要項を作成することをお勧めします。理由は大きく２つあります。

　１つ目は、賃貸借条件は比較する項目が多いからです。社外への売却の場合、買主候補者が提示する「購入価格」が選定の大きなポイントとなることが多いと思いますが、賃貸借の場合、「月額賃料」だけではなく、賃貸借期間、賃貸借方法（建物貸し（借家）／土地貸し（借地））など、多数あります。

　２つ目は、第４章で説明したとおり、賃貸借には３つの期間があるからです。とくに建物貸し（借家）の場合、賃貸借契約を締結する前に多額の費用支出が生じますので、後ほど説明する合意書や覚書の締結を考慮に入れて項目を記載したほうが、後々トラブルになりません。

　なお、建物貸し（借家）、土地貸し（借地）のいずれの場合でも、引き渡し前に借主が対象地に入って作業をする場合は、入札要項に明記しておくことをお勧めします。

　次に、社外への売却の入札要項に記載すべき項目として、次のようなものがあります。

③売却の場合

・売却を検討している不動産の所在地 (住居表示、地番表示)

・登記事項証明書に記載してある土地面積 (地積) を合計した面積による売却 (公簿売買) ／測量を行なって算出した面積による売却 (実測売買)

・公簿面積と実測面積に差異があった場合の売買金額の清算の有無

・既存建物がある場合、現況有姿での売却／更地にしての売却

・地歴調査、土壌汚染調査の結果

・引渡しまでのスケジュール

・複数者による共同購入を認めるか

・購入にあたっての停止条件を認めるか

・住民税などの清算方法

・問い合わせ先と問い合わせ方法

・登記事項証明書 (土地、建物) の添付

・公図の添付

・測量図の添付

入札要項に関するその他の注意点

●スケジュールの立て方

貸主の都合として、既存建物を解体する必要があるなど、賃貸できる状態にするまでにどれぐらいの期間が必要かを把握します。建物解体業者に既存建物を確認してもらうことで、建物解体に必要な期間や費用を見積もってくれます。ただし、借主が建物を建築する工事と並行して既存建物の解体工事を行なったほうが効率面や費用面でメリットがある場合があります。

借主の都合として、賃貸マンションや賃貸アパートの運営管理会社の場合、建物竣工時期を気にします。引越しが最も多い時期は入社、入学、異動の多い4月に向けた2月〜3月ですから、数か月前の12月から2月頃に建物が竣工するようなスケジュールを希望します。

また、シニア系施設の場合、行政からの補助金を受けられる場合がありますので、年度予算が割り当てられる春頃に行政あて申請し、補助金が受けられることが決定してから建物建築着工を希望することが多いようです。

商業テナントの場合、あまりこだわりはないようですが、スーパーマーケットなどの大型施設は、お盆や年末年始が店舗の繁忙期になりますので、その数か月前に開店できるスケジュールを希望することが多いようです。

会社印が押印された条件書を受領しようと思えば、さらに追加の期間が必要となります。入札要項配布から条件書提出までの期間が短く、借主候補者の検討期間が十分でない場合、それだけで検討を見送ってしまう借主候補者もいます

条件書を受領するまでのあいだ、借主候補者から質問が寄せられる

場合がありますので（後述参照）、その期間も考慮します。

内見日（後述参照）、質疑応答期限、借主候補者の選定期間、優先交渉権付与の時期、合意書締結時期、予約賃貸借契約書締結時期、賃貸借契約締結（公正証書作成）時期などを記載しますが、貸主、借主双方の取締役会の開催頻度なども考慮して設定します。

●入札要項の配布の仕方

賃貸借方法、用途地域、土地面積などからリストアップした借主候補者にどのようにアプローチすればいいでしょうか。直接配付する、あるいはリストアップした借主候補者にアクセスできる不動産賃貸借仲介会社を選定して配付してもらう方法があります。

住居系は、対象地の最寄駅に出店しているハウスメーカーグループの不動産賃貸借仲介会社を確認したり、対象地の近隣で事業を行なっている運営管理会社を確認したり、インターネットなどで「ハウスメーカー」「サブリース　高級賃貸」などとキーワード検索を行なうと具体的な会社名を知ることができます。

事務所系は、借主である一般事業法人を探索することは大変むずかしいので、オフィスの賃貸借を専門にしている不動産賃貸借仲介会社に賃貸借仲介を依頼するか、シェアオフィス事業を行なっている会社となります。

倉庫系は、自社で使用するメーカーや陸運会社などの一般事業法人や物流デベロッパーが借主候補者となりますが、借主候補者が希望するエリアや面積などの賃借条件が限定的であり、かつ恒常的にあるわけではないので、借主候補者の探索の難易度は高いといえます。倉庫の賃貸借を専門にしている不動産賃貸借仲介会社に仲介を依頼するか、倉庫事業を行なっている会社となります。

商業系は、インターネットや雑誌などで業界ランキングを調べるか、商業施設を運営管理している会社となります。

借主候補者をリストアップしたら、受付窓口を探します。ハウスメ

ーカーや商業テナントは、土地の所在地、建物用途、土地面積などで
受付窓口を決めていることがあります。適任者に入札要項を配付する
ようにします。入札要項を配付する際、地図、登記事項証明書、公図、
秘密保持誓約書、質問票もあわせて配付します。

◉質問を受け付ける

　質問を受け付ける貸主の代表窓口担当者（メイン担当とサブ担当の2名が望
ましい）を決めます。入札要項には代表窓口担当者の所属する部署名、
氏名、電話番号、メールアドレスを記載します。貸主側の不動産賃貸
借仲介会社の担当者を窓口にする場合もあります。

　質問表をあらかじめ作成しておき、入札要項とともに借主候補者に
配布します。

　質問があれば期日までに質問票に借主候補者が記入のうえ、貸主あ
てメールで送信してもらいます。貸主は質問を1枚に取りまとめ、質
問の横の欄に回答を記入します。質問と回答を記載した質問票を、入
札要項を配付した借主候補者全員にメール送信し、情報重複や格差、
偏り、齟齬がないようにします。

　回答にあたり重要な書類の開示をする場合などは、借主候補者に秘
密保持誓約書を提出してもらいます。もちろん、この秘密保持誓約書
には借主候補者として秘密を保持してもらう観点から、会社印の押印
をしてもらいます。

　なお、電話での受付は、言った言わないのトラブルになる可能性が
高いのでお勧めできません。

◉内見会を行なう

　内見前に秘密保持誓約書を提出してもらいます。必ず提出してもら
う必要はありませんが、既存建物の図面を開示する、内部資料を開示
する場合は提出してもらったほうが安心です。最近、電車内で極秘と
書かれている資料を広げたり、携帯電話で顧客の話や案件の進捗状況

を上司に報告したりする人が増えてきているように感じます。情報はどこから漏洩するかわかりません。秘密保持誓約書を提出してもらう際は、日常の営業活動中でも気を付けるよう、一言付け加えましょう。

秘密保持誓約書は法人名で提出してもらいます。実印である必要はありませんが、個人印ではなく会社印を押印してもらいます。

内見にあたっては候補日時をいくつか提示し予約制とします。同一時間帯に複数の借主候補者が内見しないようにするためです。とくに商業店舗系は、お互い顔見知りです。どの会社が内見に来ているかどうかが知れてしまうことになります。

内見の所要時間は1時間から1時間30分程度です。

内見には貸主が立ち会います。既存建物の解体を借主が行なう場合は借主が解体費の見積もりを行なう必要があります。配布する建物図面を準備し、既存建物や設備関係に詳しい貸主が立ち会います。

●条件書の応募資格

入札要項を配付した借主候補者以外の方から連絡が入る場合があります。その際の対応を事前に定めておきます。

●スケジュールに余裕を持つ

借主候補者は対象地を賃借して事業が成立するかというマーケット調査をします。具体的には対象地や周辺の環境、人通り、クルマの交通量などを調査します。1度だけではなく、曜日や時間帯、調査担当者を変えて何度も確認します。

その後、市区町村役場へ行き建物を建築するにあたってのさまざまな法律や条例を調査したうえで、どれぐらいの大きさの建物を建築することができるか、使いやすい建物レイアウトはどのような形状かなどを検証するために建物図面を作成します。そのうえで月額賃料を算出しますので、対象地の面積にもよりますが、早くても1か月から2か月程度、場合によっては半年程度の時間が必要です。

さらに一定の開発行為をする場合、開発許可が必要な場合があります。開発行為とは、主として建築物の建築または特定工作物の建設の用に供する目的で行なう土地の区画形質を変更する行為をいいます。市街化区域の場合は1000平方メートル（三大都市圏の既成市街地、近隣整備地帯などは500平方メートル）以上（開発許可権者が条例で300平方メートルまで引き下げ可）、非線引き都市計画区域および準都市計画区域の場合は3000平方メートル以上、都市計画区域および準都市計画区域外の場合は1ヘクタール以上、市街化調整区域の場合は原則としてすべての開発行為（建築物の建築の用に供する目的で行なう土地の区画形質の変更）が規制の対象となります。規制の対象となった場合、開発行為をしようとする者は、あらかじめ都道府県知事等の許可を受けなければなりません（都市計画法第29条1項）。そのため、貸主、借主が想定するスケジュールを変更しなければならない場合があります。

◉留意点

　賃貸借契約は売買と異なり、数十年にわたる契約の場合がほとんどです。長期的な観点から借主を選定できるよう項目を記載します。

　借主候補者の会社印が押印された提案書を受け付けるようにします。借主候補者のなかには、担当者印で提案書を出してくる借主候補者もいます。そのような提案書は、会社が案件の存在を認識していない可能性があります。いざ条件交渉を進めようと思ったら会社から止められましたと謝絶してくる場合があります。

　取締役会の承認までは不要ですが、少なくとも会社の責任者の方に案件を認識してもらうためにも、部長名や役員名と、会社印が押印された提案書を受け付けることをお勧めします。実際に提案書を受け付けるときは、取締役決議を経ているかを確認します。一般的には「取締役会での承認が得られることを前提とする」旨の文言が記載されています。また、有効期限が記載されている場合もあります。「協議事項」などの文言があれば、内容を確認しましょう。

The Essential Guide to
Corporate Real Estate

第 9 章

社外への賃貸・売却にあたって必要な手続き③
提案書を精査するときのポイント

入札要項に記載してある項目は守られているか

　借主候補者や買主候補者から提示があった提案書、賃借意向書、購入意向書、買付証明書（以下、提案書）を比較検討する前に、一つ一つの提案書を精査します。精査するとき、確認すべきポイントがいくつかあります。

　社外への賃貸でも社外への売却でも、まず始めに確認するポイントは、「入札要項に記載した項目が守られているかどうか」です。なかには守られていない提案書があります。そのような提案書は入札要項の記載項目を守らない代わりに、代替提案や何かメリットを訴えていることもありますが、貸主もしくは売主が予期していないリスクが潜んでいる可能性もあります。まずは入札要項に記載した項目が守られている提案書を比較検討するようにします。

　次に、建物貸し（借家）や土地貸し（借地）の場合、賃貸借契約の開始日と終了日、賃貸借期間を確認します。賃貸借期間が借地借家法で定められている期間に合致しているかを確認します。借地借家法で定められている期間よりも長かったり短かったりした場合、期限の定めがないとして当初想定した賃貸借契約形態でなくなってしまう場合があります。

　月額賃料が他提案書と比較して突出している場合、「とりあえず賃貸借契約書を締結してしまおう」と借主候補者が考えているかもしれません。そのようなときは、借主候補者に賃料減額交渉をしたことはあるか、賃貸借契約を中途解約したことがあるかなどを確認します。

　また、賃貸マンションや賃貸アパートの運営管理会社の場合、管理戸数などで当該エリアのプライスリーダーとなっているか、エリアを熟知しているかを確認します。商業系の場合、当該エリアでの出店実

績を確認します。そのエリアに数多くの店舗を出店している場合はエリアを熟知しているといえます。

商業系や倉庫系の場合、前面道路が広くても中央分離帯があったり、対象地の近くに交差点が多かったりすると交通協議が整わず商業テナントの出店や倉庫の建築が認められない場合もあります。対象地の一部を無償譲渡して、右折レーンの増設を求められることもあります。譲渡した対象地の一部は賃貸借期間終了後でも返還されない可能性があります。行政に十分確認する事をお勧めします。

以下ではケース別に、もう少し詳しくチェックすべきポイントについて解説します。

◉建物貸し（借家）の場合

提案書の内容が入札要項に記載した条件に合致しているかを確認します。借主候補者によっては入札要項の前提条件に合致しない条件をあえて提示してくる場合があります。

次に月額賃料を確認します。一定期間は提示された月額賃料の満額を支払わない（賃料免除期間）という付帯条件が付いている場合があります。賃貸マンションや賃貸アパートを運営管理会社に賃貸する場合は、サブリース条件についても確認します。

次に賃貸借契約開始日を確認します。借主が希望する建物を建築する期間によって大きく変わります。建物建築期間中は賃貸借契約期間開始前となり賃料収入はありません。賃貸借契約期間に建物建築期間を加えた期間の受取賃料総額で比較すると、提案書の検討順位が変動する場合があります。

敷金の額も確認が必要です。借主の希望する仕様で建物を建築する場合、万一、借主が賃貸借期間中に賃貸借契約を中途解約したり倒産したりしたときに転用の効きにくい建物が残ってしまう可能性があります。建物解体費に見合う金額の敷金が提案されているかを確認します。

資産区分についても確認します。

◉土地貸し（借地）の場合

　提案書の内容が入札要項に記載した条件に合致しているかを確認します。借主候補者によっては、入札要項の前提条件に合致しない条件をあえて提示してくる場合があります。

　次に月額賃料を確認します。一定期間は提示された月額賃料の満額を支払わない（賃料免除期間）という条件が付いている場合があります。賃貸借契約期間中の受取賃料総額で比較すると、提案書の検討順位が変動する場合があります。

賃貸借契約開始日と
賃料発生日は同じ日ではない

　入札要項について説明した前章で、社外への賃貸で、「月額賃料の発生日」「月額賃料の終了日」という項目を挙げました。

　みなさんは、賃貸借契約期間のうち、いつからいつまで賃料を受け取れると思っていますか。賃貸マンションや賃貸アパートを借りたことがある方は、賃貸借契約期間の開始日から家賃を支払ってきたでしょうから、この質問は何を言っているのかと思うでしょう。

　多くの方に驚かれることですが、賃貸借契約開始日と賃料発生日は同一日であるとは限りませんし、賃貸借契約終了日と賃料支払終了日も同一であるとは限りません。貸主としては、賃貸借契約開始日に賃貸借期間はスタートし、使用する権利は借主に移っているわけですから、賃料発生日は賃貸借契約開始日と同一日だと考えるのが普通です。また、賃貸借契約終了日まで使用する権利は借主にあるわけですから、賃貸借契約終了日と賃料支払終了日も同一日だと考えるのが普通です（**図表 9-1**）。

　ところが、建物貸し（借家）の場合、借主によっては、賃貸借契約期間開始日から内装工事を行ない、内装工事終了後から実際に使用するので、実際に使用する日から月額賃料を支払いたいと交渉してくる場

図表9-1 ● 契約締結日と契約開始日の違い

契約締結日　　契約開始日　　　　　　　　契約終了日

賃貸借契約期間

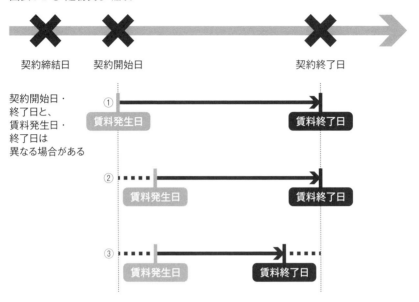

図表9-2 ● 建物貸し（借家）

契約締結日　契約開始日　　　　　　　　　契約終了日

契約開始日・
終了日と、
賃料発生日・
終了日は
異なる場合がある

① 賃料発生日 ──────────────→ 賃料終了日

② 賃料発生日 ──────────────→ 賃料終了日

③ 賃料発生日 ──────→ 賃料終了日

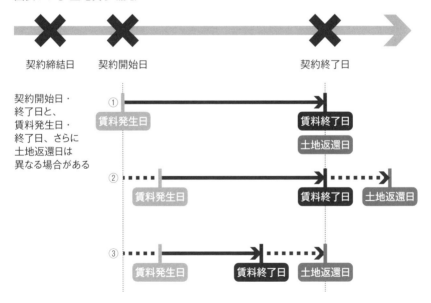

図表9-3 ● 土地貸し（借地）

契約締結日　契約開始日　　　　　　　　　契約終了日

契約開始日・
終了日と、
賃料発生日・
終了日、さらに
土地返還日は
異なる場合がある

① 賃料発生日 ──────────────→ 賃料終了日
　　　　　　　　　　　　　　　　　　　土地返還日

② 賃料発生日 ──────────────→ 賃料終了日 ┄┄→ 土地返還日

③ 賃料発生日 ──────→ 賃料終了日 ┄┄→ 土地返還日

合があります。同様に、賃貸借契約期間終了日の前に原状回復工事を行なうので、実際に使用することを終えた日までしか月額賃料を支払いたくないと交渉してくる場合があります（**図表 9-2**）。

　土地貸し（借地）の場合も、借主によっては、賃貸借契約期間開始日から建物を建築する工事を行なうので、建物建築が終わり、実際に使用する日から月額賃料を支払いたいと交渉してくる場合があります。同様に、賃貸借契約期間終了日の前に建物の解体工事を行なうので、実際に使用することを終えた日までしか月額賃料を支払いたくないと交渉してくる場合があります（**図表 9-3**）。

　いずれの場合も借主側の理由ですが、このような交渉を行なってくる借主は少なからずいます。貸主は大切な経営資源を賃貸しているのです。まずは賃貸借契約開始日と月額賃料発生日が同一日となっているか、賃貸借契約終了日と月額賃料終了日が同一日かを確認しましょう。

　次に、賃貸借契約期間中、月額賃料が変動しないことを確認します。とくに賃貸マンション運営管理会社や賃貸アパート運営管理会社に賃貸するとき、いわゆるサブリース契約を締結することが多いと思います。この際、運営管理会社によっては、「サブリース」と「賃貸借期間中の賃料が変わらないこと」が同義でないことがあります（第3章参照）。

　ただ、賃貸借契約開始日と月額賃料発生日が、賃貸借契約終了日と月額賃料終了日が同一日でない、月額賃料が変動する、というだけで検討を断念するのではなく、事業収支表（第4章参照）を作成し、無収入期間があったとしても賃貸借契約期間中の月額賃料の総額が多い、利回りが高い、など貸主にメリットがあるようでしたら検討を継続してもいいと思います。

覚書を締結するまでが
いちばん強い

　建物貸し（借家）にせよ、土地貸し（借地）にせよ、入札を行ない複数の提案書を比較し、優先的に交渉を進めていく借主候補者を決めます。いわゆる優先交渉権の付与です。優先交渉権を付与したのち、賃貸借契約書に記載すべき条件について交渉していきます。入札要項に詳細に項目を記載していたとしても、優先交渉権を付与した借主候補者の属性などにより、まだまだ交渉すべき事項や確認事項は多くあります。

　交渉にあたっては、いくつかのマイルストーンを定めて交渉を区切るようにします。具体的には合意書締結、覚書締結、予約賃貸借契約締結のうち、2つか3つのマイルストーンを定めることが多いです。

　マイルストーンを定める意味は、条件交渉を有利に進めるということもありますが、大きな理由として、賃貸借契約を締結する前に、調査や準備作業で大きな費用負担が生じたり、大きな損害が生じたりする可能性があるからです。無事に賃貸借契約を締結できれば問題ありませんが、賃貸借契約を締結できなかったとき、それまでに支出した費用を貸主と借主のどちらが負担するのか、揉めることを避けるためです。

　ポイントは費用負担とペナルティです。費用が発生する作業をどこのマイルストーンまでに実施するのか、万一条件交渉が破談したときに発生済みの費用を誰が費用負担するのか、ペナルティを支払うのか、を念頭に置きながら交渉を進めます。

　この際、注意事項や事前了解事項は必ず書いて、後々交渉するという考えはやめるべきです。

　よく「本契約書に記載がない事項については貸主と借主が誠意をもって協議する」という条文を見かけますが、できる限り注意事項や事

前了解事項、リスク負担、費用負担については明記しておくことをお勧めします。

　記載する項目として、土壌汚染調査に関する取り決め、地中埋設物や障害物があった場合の取り決め、賃貸借期間中の土壌汚染に関する取り決め、合意書締結後のペナルティ、覚書締結後のペナルティ、予約賃貸借契約書締結後のペナルティ、賃貸借契約締結後のペナルティ、転貸条項などがあります。

　まずは、建物貸し（借家）を例に、賃貸借契約を締結するまでに発生する主な事象を見ていきます。

優先交渉権の付与まで
（建物貸しの場合）

　建物貸し（借家）の場合の優先交渉権付与から賃貸借契約書締結まで
の流れをみてみます。

　優先交渉権を付与する前に、借主候補者の担当者だけではなく上司
の方とも面談します。借主候補者の会社の雰囲気がわかります。同時
に借主候補者の評判を確認します。賃貸マンションや賃貸アパートで
あれば、運営管理会社は本当にサブリース契約を更新してくれるのか、
訴訟などを多数抱えていないか、どのように入居者を募集するのかを
確認します。訴訟などを多数抱えているかはインターネットで調べる
ことができます。借主候補者に直接確認してもいいでしょう。入居者
の募集方法は、将来の入居率に影響を及ぼしかねませんので、借主候
補者に直接確認します。

　とくに賃貸マンションや賃貸アパートを運営管理会社に賃貸する場
合は、貸主が建物の修繕費、大規模修繕費をいくら負担することにな
るか借主候補者に直接確認します。運営管理会社が求める修繕を求め
る期日までに貸主が実施しない場合、賃貸借契約を更新しない、もし
くは貸主都合による賃貸借契約終了になるケースが多いようです。

　借主候補者が作成する長期間の事業収支を、貸主は必ず内容を確認
します。賃貸マンションや賃貸アパートの場合、建物の築年数が経過
するとともに入居者の募集賃料が低下する傾向にあります。サブリー
スの仕組みや契約内容によりますが、月額賃料が将来にわたって一定
になっていたら注意が必要です。

　初期投資費用を銀行借り入れで行なう場合、借入金利は何％で設定
されているかを確認します。現在は低金利下にあり、変動金利で借り
入れた場合は非常に低い利率で借入を行なうことができますが、将来

の金利上昇は予測できません。賃貸借契約期間は10年を超える場合がほとんどです。仮に1%借入金利が上昇した場合、事業収支はマイナスにならないでしょうか。

事業収支表に数値を入力し再点検します。貸主が負担する費用を合計すると収入を上回っていたということもあります。また、収入が費用を上回っているからいいのではなく、特段の理由がない限り、投資金額に対して何%のリターンがあるか、という観点でも確認が必要です。

確認の結果、問題がないと判断したら、借主候補者に優先交渉権の付与を通知します。口頭でも書面による通知でもかまいません。優先交渉権の付与にあたり、交渉期限を明示し、それまでに合意書を締結しなければ交渉を打ち切り、次点の借主候補者と交渉を開始する旨も併せて通知します。優先交渉権付与後はまず合意書の締結を目指します。

複数の借主候補者から提案書を受領していた場合、優先交渉権を付与していない他の借主候補者に、優先交渉権を他の借主候補者に付与した旨を通知するかどうかは迷うところです。

通知すれば他の借主候補者は「他決した」と判断します。通知以降は「どうなりましたか？」という借主候補者からの連絡はなくなります。一方で、優先交渉権を付与した借主候補者との交渉が決裂し、次点の借主候補者に優先交渉権を付与する場合、次点の借主候補者は一番手の借主候補者との交渉が決裂したことを知っています。場合によっては次点の借主候補者との交渉で不利になる場合があります。

少し手間ではありますが、借主候補者には「優先交渉権を付与する会社を選定中である」旨を回答し、合意書締結後、「特定の借主候補者と交渉を進めることにした」旨の通知をすることをお勧めします。

合意書締結（建物貸しの場合）

　すでに貸主が負担している費用として、公図や登記事項証明書の交付請求費用、境界確認・確定費用、測量費用などがあります。一方、借主候補者が負担している費用として、マーケット調査費用などがあります。万一交渉がまとまらなかった場合、それぞれが負担したこれらの費用を相手方に負担を求めるか、求めないかを決めます。

　また、合意書を締結してから次のマイルストーンである覚書を締結するまでに、貸主、借主候補者が行なうべき作業を決めます。土壌汚染調査・改良工事、地中埋設物や障害物の除去などがあります。これらの費用負担を貸主、借主候補者のどちらが負担するかを決めます。費用支出後、交渉がまとまらなかった場合、それぞれが負担した費用を相手方に求めるか、求めないかを決めます。費用額が大きくなりますので慎重に決めます。場合によってはペナルティ条項を記載します。

　入札要項に記載した事項、受領した提案書に記載している事項、取り決めた事項などを記載します。記載項目の例は次のとおりです。

・貸主と借主候補者の社名、会社印の押印
・合意書を締結する目的
・対象地の所在地（地番）、想定する建物や建物面積
・賃貸借条件（契約形態、賃貸借開始予定日と終了予定日、賃料発生予定日と終了予定日、賃貸借期間、月額賃料、敷金の金額、建物の用途や目的、建設協力金の有無や返済方法、転貸借の可否）
・スケジュール（次のマイルストーンである覚書締結予定日）
・作業項目
・費用負担

覚書締結（建物貸しの場合）

合意書に記載された貸主が行なうべき作業は、いわば借主候補者が代わってしまっても、建物貸し（借家）をする限りは必要な作業です。ところが、覚書締結以降については、借主候補者のために行なう作業が発生しますので、借主候補者が代わってしまうとムダになってしまいます。覚書締結から次のマイルストーンである予約賃貸借契約書を締結するまでに、貸主、借主候補者が行なうべき作業を決めます。

具体的には、借主候補者が希望する建物を建築することが確認できた状態までとなります。

借主候補者は貸主に対して建築してほしい建物のイメージを伝え、貸主は設計会社と打ち合わせを行ない、建物図面を作成します（実際は、借主候補者と設計会社が打ち合わせをして図面を確定していくことが多いですが、図面作成費用は貸主負担となります）。何度か建物図面を修正し完成したら、建築確認申請を行ないます。建築基準法に適合しているかの審査を受け、建築確認済証の交付を受けます。

これらの作業を行なうと費用が発生します。建物貸し（借家）なので、これらの費用は貸主が負担します。覚書締結前に発生した費用よりも大きな金額となります。借主候補者が賃借意向を破棄した場合の取り決めをしておきます。

入札要項に記載した事項、受領した提案書に記載している事項、合意書に記載した事項、取り決めた事項、スケジュール等を記載します。

記載項目の例は次のとおりです。

・貸主と借主候補者の社名、会社印の押印
・覚書を締結する目的

・対象地の所在地（地番）、想定する建物や建物面積
・賃貸借条件（契約形態、賃貸借開始予定日と終了予定日、賃料発生予定日と終了予定日、賃貸借期間、月額賃料、敷金の金額、建物の用途や目的、建設協力金の有無や返済方法、転貸借の可否）
・スケジュール（次のマイルストーンである予約賃貸借契約締結予定日）
・作業項目
・費用負担

SECTION 9-7

予約賃貸借契約締結
（建物貸しの場合）

　借主候補者が希望する建物を建築することができると確認した後、締結した覚書を土台として予約賃貸借契約を締結します。この段階ではまだ建物は存在していないので、賃貸借契約は締結できません。

　予約賃貸借契約締結から次のマイルストーンである賃貸借契約締結までに、貸主、借主候補者が行なうべき作業を決めます。具体的には、貸主が、借主候補者が希望する建物を建築し、完了検査を受け、賃貸借ができる状態までとなります。

　建築確認済証を受けた建物図面をもとにゼネコンの相見積もりを行ない、落札したゼネコンと打ち合わせを行ない、建物を建築します。建物建築費用が生じます。場合によっては、貸主が周辺住民への説明会、行政との協議などを併行して進めなければなりません。

　賃貸マンション、賃貸アパート、サービス付き高齢者向け住宅、老人ホーム、商業店舗などの場合、借主候補者が希望する仕様の建物を貸主の負担で建築することになります。貸主にとっては建物建築期間中に借主が賃借意向を破棄し、建築中の建物だけが残ることが最も大きなリスクとなります。そこで、予約賃貸借契約に、建物建築期間中に借主候補者が賃借意向を破棄した場合のペナルティを定めます。それ以外の項目は賃貸借契約書に記載する内容とほぼ同様の内容が合意している状態です。

　借主候補者から予約賃貸借契約書（案）を提示される場合もありますが、借主候補者に有利な条項が多く記載されている場合があります。貸主が一方的に不利にならないよう案文を修正するか、貸主が予約賃貸借契約書（案）を準備します。

　記載する項目の例は次のとおりです。

- 貸主と借主候補者の社名、会社印の押印
- 予約賃貸借契約を締結する目的
- 対象地の所在地（地番）、想定する建物や建物面積
- 賃貸借条件（契約形態、賃貸借契約開始予定日と終了予定日、賃料発生予定日と終了予定日、賃貸借期間、月額賃料、1か月未満の場合の賃料の算出方法、賃料などの振込口座、賃料改定の有無、敷金、敷金支払い時期・方法・金額、建物の用途と目的、契約形態）
- 返還義務（現状回復）
- 費用負担
- 抵当権などの設定について
- 不可抗力が生じた場合の取り決め
- 予約賃貸借契約の解約、解約事由とペナルティ
- 予約賃貸借契約失効時の取り決め
- 賃貸借契約失効時の取り決め
- 建物の滅失・毀損の場合の取り決め
- 建物譲渡・転貸などの禁止
- 遵守事項
- 貸主の立ち入り権
- 協力事項
- 届出義務
- 事前承諾事項
- 守秘義務
- 反社会的勢力の排除
- 協議事項
- 管轄裁判所
- 強制執行
- スケジュール（公正証書など作成）

　なお、借主候補者によっては賃貸借契約締結前の建物建築中に内装

工事などを併行して行ないたい旨の要求をしてくる場合がありますが、危険負担について十分な検討が必要です。たとえば火災が発生した場合、ゼネコン、内装工事会社、貸主、借主候補者のいずれが責任を負い、補償を行なうのか、補償のための保険を誰が掛けておくのかを決めておきます。

建物が竣工し、完了検査を受け、賃貸借する対象が確定したら賃貸借契約を締結し、賃貸借契約開始日に建物を引き渡すことになります。

また、賃貸借契約書を締結する前に、現状の状態を記録することが必要です。賃貸する直前の状態を写真撮影したり、貸主、借主候補者双方が確認した内容を書面で残したりします。床や壁、天井の状態などを記録します。

賃貸借契約期間満了時には借主の負担で賃貸借契約開始時の状態に戻す（原状回復）ことが原則となりますので、どの状態に戻すのかを明確にするためです。賃貸借契約は数十年の場合もあります。賃貸借開始日の状態を正確に記録しておくために、賃貸借契約書に明記、もしくは付属資料として添付することをお勧めします。

　建築主に対して検査済証が交付されたら、賃貸借契約を締結することが可能になります。

　建築基準法第7条に「建築主は第6条第1項の規定による工事を完了したときは、国土交通省令で定めるところにより、建築主事の検査を申請しなければならない」と定められており、建築基準法第7条第5項に「建築主事等は、前項の規定による検査をした場合において、当該建築物及びその敷地が建築基準関係規定に適合していることを認めたときは、国土交通省令で定めるところにより、当該建築物の建築主に対して検査済証を交付しなければならない」とあります。

　検査済証が交付される前には「当該新築に係る建築物又は当該避難施設等に関する工事に係る建築物若しくは建築物の部分を使用し、又は使用させてはならない」（建築基準法第7条の6）と定められているのです（例外措置はあります）

　定期建物賃貸借の成立要件は、借地借家法第38条1項にもとづき、下記3つを満たす必要があります。

①公正証書等の書面によって契約をする
②契約の更新がないこととする旨を定めることができる
③貸主は、あらかじめ借主に対して、建物の賃貸借は契約の更新がなく、期間の満了により建物の賃貸借は終了することについて、その旨を記載した書面を交付して説明する

　公正証書等とありますので、公正証書ではなく賃貸借契約書で締結してもかまいません。実際は賃貸借契約書で締結する方が多いと思い

図表9-4 ● 契約までの流れ

① 優先交渉権の付与

② 合意書締結

③ 覚書締結

④ 予約賃貸借契約締結

⑤ 現状の記録

⑥ 賃貸借契約締結

ます。公正証書を作成する場合、作成費用が生じます。また公証役場へ行く必要があります。貸主、借主候補者のどちらが費用負担するかを決めます。これについては土地貸し（借地）のパートで説明します。

③については、貸主が借主候補者に対して行なう事項ですので、忘れずに行ないます。

　貸主と借主候補者は賃貸借契約を締結し、晴れて借主候補者は借主となります（**図表9-4**）。

土地貸し（借地）の場合の流れ

　土地貸し（借地）の場合は、建物貸し（借家）に比べてシンプルになります。以下では、その流れについてまとめて解説します。

◉優先交渉権の付与

　優先交渉権を付与する前に、借主候補者の担当者だけではなく上司の方とも面談します。借主候補者の会社の雰囲気がわかります。借主候補者の評判を確認しましょう。

　事業用定期借地権で契約する場合、公正証書作成日、賃貸借契約開始日、賃料発生日は同一日とは限りません。借主候補者と交渉する際は「何の日」を指しているのかを確認しながら決定していきます。

　事業収支表に数値を入力し再点検します。貸主が負担する費用を合計すると収入を上回っていたということもあります。また、収入が費用を上回っているからいいのではなく、特段の理由がない限り、投資金額に対して何%のリターンがあるか、という観点でも確認が必要です。

　借主が建物を建築する際に必要となる申請書類などに、貸主の署名、捺印が必要な場合があります。貸主が申請費用などを負担することがないかを確認します。

　確認の結果、問題がないと判断したら、借主候補者に優先交渉権の付与を通知します。口頭でも書面による通知でもかまいません。優先交渉権の付与にあたり、交渉期限を明示し、それまでに合意書を締結しなければ交渉を打ち切り次点の借主候補者と交渉を開始する旨も併せて通知します。優先交渉権付与後はまず合意書の締結を目指します。

　複数の借主候補者から提案書を受領していた場合、優先交渉権を付

与していない他の借主候補者に、優先交渉権を他の借主候補者に付与した旨を通知するかどうかは迷うところです。通知すれば他の借主候補者は「他決した」と判断します。通知以降は「どうなりましたか？」という借主候補者からの連絡はなくなります。一方で、優先交渉権を付与した借主候補者との交渉が決裂し、次点の借主候補者に優先交渉権を付与する場合、次点の借主候補者は一番手の借主候補者との交渉が決裂したことを知っています。場合によっては次点の借主候補者との交渉で不利になる場合があります。

　少し手間ではありますが、借主候補者には「優先交渉権を付与する会社を選定中である」旨を回答し、合意書締結後、「特定の借主候補者と交渉を進めることにした」旨の通知をすることをお勧めします。

●合意書締結

　すでに貸主が負担している費用として、公図や登記事項証明書の交付請求費用、境界確認・確定費用、測量費用などがあります。一方、借主候補者が負担している費用として、マーケット調査費用、建物図面作成費用などがあります。万一交渉がまとまらなかった場合、それぞれが負担したこれらの費用を相手方に負担を求めるか、求めないかを決めます。

　また、合意書を締結してから次のマイルストーンである覚書を締結するまでに、貸主、借主候補者が行なうべき作業を決めます。土壌汚染調査・改良工事、地中埋設物や障害物の除去などがあります。これらの費用負担を貸主、借主候補者のどちらが負担するかを決めます。費用支出後、交渉がまとまらなかった場合、それぞれが負担した費用を相手方に求めるか、求めないかを決めます。費用額が大きくなりますので慎重に決めます。場合によってはペナルティ条項を記載します。

　入札要項に記載した事項、受領した提案書に記載している事項、今後取り決める事項、スケジュールを記載します。記載項目の例は次のとおりです。

- 貸主と借主候補者の社名、会社印の押印
- 合意書を締結する目的
- 対象地の所在地（地番）、対象地の面積
- 賃貸借条件（契約形態、賃貸借開始日と終了日、賃料発生日と終了日、月額賃料、敷金の金額、建物の用途や目的、転貸借の可否）
- スケジュール（次のマイルストーンである覚書締結予定日）

●覚書締結

　合意書に記載された貸主が行なうべき作業は、いわば借主候補者が代わってしまっても、建物貸し（借家）もしくは土地貸し（借地）をする限りは必要な作業です。ところが、覚書締結以降については、借主候補者は対象地で建築する建物の図面作成などを行なうので、賃貸借契約が締結できなければムダな作業と費用になってしまいます。覚書締結から次のマイルストーンである予約賃貸借契約書を締結するまでに、貸主、借主候補者が行なうべき作業を決めます。

　具体的には、借主候補者が希望する建物を建築することが確認できた状態までとなります。貸主は覚書締結後、予約賃貸借契約締結までのあいだに建物を建築するための作業に着手しますので、費用が発生します。建物設計図面作成費用や、建築確認申請費用です。これらの費用は借主候補者が負担します。覚書締結前に発生した費用よりも大きな金額となります。借主候補者からは、貸主が賃貸意向を破棄した場合のペナルティについて取り決めをしたいと言ってきます。

●現状の状態を記録する

　賃貸借する直前の状態を写真撮影したり、貸主、借主候補者双方が確認した内容を書面で残したりします。地盤面の状態、隣地との塀の状態などを記録します。

　賃貸借契約期間満了時には借主の負担で賃貸借契約開始時の状態に戻す（原状回復）ことが原則となりますので、どの状態に戻すのかを明

確にするためです。賃貸借契約は数十年の場合もあります。賃貸借開始日の状態を正確に記録しておくために、賃貸借契約書に明記、もしくは付属資料として添付することをお勧めします。

●予約賃貸借契約書締結

　建築確認済証の交付を受け、借主候補者が希望する建物を建築することができると確認できた後、締結した覚書を土台として予約賃貸借契約を締結します。賃貸借契約書に記載する内容とほぼ同様の内容が合意している段階です。借主候補者から予約賃貸借契約書（案）を提示される場合もありますが、借主に有利な条項が多く記載されている場合があります。貸主が一方的に不利にならないよう案文を修正するか、貸主が予約賃貸借契約書（案）を準備します。

　記載する項目の例は次のとおりです。

・貸主と借主候補者の社名、会社印の押印
・予約賃貸借契約を締結する目的
・対象地の所在地（地番）、対象地の面積
・賃貸借条件（契約形態、賃貸借契約開始予定日と終了予定日、賃料発生予定日と終了予定日、賃貸借期間、月額賃料、1か月未満の場合の賃料の算出方法、賃料等の振込口座、賃料改定の有無、敷金、敷金支払い時期・方法・金額、建物の用途と目的）
・返還義務（現状回復）
・費用負担
・抵当権などの設定について
・不可抗力が生じた場合の取り決め
・予約賃貸借契約の解約、解約事由とペナルティ
・予約賃貸借契約失効時の取り決め
・賃貸借契約失効時の取り決め
・建物の滅失・毀損の場合の取り決め
・建物譲渡・転貸などの禁止

- ・遵守事項
- ・貸主の立ち入り権
- ・協力事項
- ・届出義務
- ・事前承諾事項
- ・守秘義務
- ・反社会的勢力の排除
- ・協議事項
- ・管轄裁判所
- ・強制執行
- ・スケジュール（公正証書作成）

　公正証書作成日から賃貸借契約開始日、賃貸借契約開始日から賃料発生日の間に生じるリスク負担についても忘れずに記載するようにします。

◉賃貸借契約締結

　事業用定期借地権で契約する場合は、公正証書による契約締結が借地借家法で定められています。公証役場に予約賃貸借契約書を持参し、公正証書を作成してもらいます。貸主と借主候補者が合意した賃貸借契約書の文面そのままが、公正証書になるわけではありません。公証人が公正証書に適した文面で作成し直してくれます。公正証書の作成には費用がかかります。

　弁護士に予約賃貸借契約書と公正証書を提示し、内容を比較してもらい変更点がないかの確認をしてもらいます。

　公正証書が完成したら、公証役場で公正証書に貸主、借主候補者双方が押印をします。会社印を社外へ持ち出すことはむずかしい場合があります。印鑑証明の取得ができる印鑑の押印が必要なのか、それとも異なる印鑑でもいいのか、貸主と借主候補者で事前に相談します。

図表9-5 ● 契約までの流れ

① 優先交渉権の付与

② 合意書締結

③ 覚書締結

④ 現状の記録

⑤ 予約賃貸借契約締結

⑥ 賃貸借契約締結

貸主と借主候補者が公正証書に押印した日を公正証書作成日といいます。これで賃貸借契約を締結したことになります。晴れて借主候補者は借主となります。

公正証書は賃貸借期間終了日まで保管しておきます。賃貸借契約開始日以降、借主による建物建築工事が始まります（**図表9-5**）。

SECTION 9-10 運営管理会社に賃貸する具体的な手順

　前節で優先交渉権を付与してから賃貸借契約（公正証書）を締結するまでの流れをみましたが、事例として多いのは運営管理会社に賃貸するケースだと思います。

　そこで、まずは住居系の運営管理会社に賃貸する（建物貸し＝借家）の場合の具体的な手順について説明します。

●手順の流れ

①運営管理会社に物件概要書（第7章参照）を提示し、賃借を検討することが可能なエリアかどうかを確認する

②運営管理会社に委託可能な業務を確認する

③運営管理会社からマーケット調査結果、事業収支表、部屋の間取りなどの提案を受ける

④貸主は、建物建築費、大規模修繕費、管理手数料などを、貸主が作成した事業収支表（第4章参照）に転記し、事業収支を確認する

⑤運営管理会社が作成したラフな建物図面を確認する

⑥運営管理会社と、合意書、覚書、予約賃貸借契約書を締結する

⑦ゼネコンやハウスメーカーと建築請負契約を締結し、貸主の費用負担で建物を建築する

⑧運営管理会社を借主として、定期建物賃貸借契約を締結する

⑨定期建物賃貸借契約締結後に借主である運営管理会社が入居者の募集、入居者との転貸借契約締結、家賃徴収、入居者クレーム対応などを行なう

⑩以後、賃貸借契約にもとづき借主から貸主に月額賃料が支払われる

賃貸マンションや賃貸アパート運営管理会社に賃貸する場合の留意点は以下のとおりです。

①運営管理会社が提示する事業収支表の前提条件、借入金返済方法は元金均等払いであるか、借入金の利率は何％になっているか、借入金の金利は固定か変動か、長期間の借入に対応している金利設定かを確認する

②サブリース（家賃保証）の仕組み、保証料、空室保証、家賃滞納リスク負担、賃料改定頻度、広告費用負担、貸主リスク負担、は各社によって異なる

③運営管理会社の入居者を募集する方法は何か。駅前にある自社グループの不動産賃貸借仲介会社か、地元に強い不動産賃貸借仲介会社か、インターネットか。各社によって異なり、将来の入居率に少なからず影響がある

④長期間のサブリース（家賃保証）を謳っていたとしても、貸主負担となる大規模修繕を、借主が定めるスケジュールや作業項目、指定された工事業者で行なうことが条件となっている場合があり、実施しないと賃貸借契約を中途解約されたり更新されなかったりする場合がある。また工事業者が指定されている事で工事費用が割高になる可能性がある

⑤長期間の家賃保証を謳っていたとしても、ハウスメーカーや運営管理会社自身の社歴が短く、長期間の賃貸借契約を全うしたことがない場合がある

⑥入居者対応や建物管理など、運営管理会社によって委託可能な業務範囲が異なる

⑦建物維持・管理を委託するにあたり手数料が必要である

⑧貸主負担となる大規模修繕費用などは別途必要である

⑨運営管理会社により入居者審査基準が異なるため、入居者により貸室の使用状況も異なり、修繕や清掃の頻度に影響がでる

⑩空室率の過去実績、どのような家賃価格帯の住戸を何戸管理しているのか、実績を十分に確認する必要がある

　昨今の高齢化を背景に、老人ホームなどの運営管理会社に賃貸するケースも増えていますので、こちらについても具体的な手順について説明します。
　手順の流れは基本的には賃貸マンションや賃貸アパートの運営管理会社に賃貸する場合と同様ですが、補助金の助成を受けることができるかの確認を、運営管理会社が市区町村役場に確認する項目が加わります。
　それに伴ってサービス付き高齢者向け住宅や老人ホームの運営管理会社に賃貸する場合は以下のような留意点があります。

①行政からの補助金の助成を受けることが前提となる事業の場合、行政の予算やベッド数の募集枠獲得まで時間がかかる
②募集枠がなくなってしまうと事業を断念せざるを得ない場合がある
③賃貸マンションや賃貸アパート事業と比べて長期間の定期建物賃貸借契約または普通建物賃貸借契約となる場合が多い
④各社運営ノウハウにもとづく建物仕様となることから、賃貸借契約終了後の建物転用が効きにくい

　賃貸マンションや賃貸アパート、サービス付き高齢者向け住宅や老人ホーム、いずれの場合でも運営管理会社に運営を任せる場合、運営管理会社が希望する建物を貸主が建築することが一般的です。これは運営管理会社の過去の事業運営実績から導き出された、事業を成功させるためのノウハウを活かすためです。つまり、運営管理会社によって建物の構造、部屋の間取り、設備などが異なるということです。賃貸借契約期間後に、他の運営管理会社に賃貸できる汎用性があるかを考慮する必要あります。

また、運営管理会社と、ゼネコンまたはハウスメーカーは同じ会社や同じグループ会社であることが多々あります。つまり、運営管理を受託する条件として、建物建築発注が条件になるということです。運営期間中の大規模修繕や修繕についても運営管理会社のグループ会社で行なうことが条件になっている場合があります。もちろん、事業成功のためのノウハウを活かすためですが、相見積もりとはならないので建築費や修繕費が割高になる可能性があります。

第 **10** 章

企業にとって
不動産を活用することの意義

——個別最適から全体最適へ

CRE（Corporate Real Estate）
戦略とは何か

　前章までに、「社外への賃貸」「社外への売却」の選択肢（老朽化した建物がある場合はその対処方法も含む）から、個別不動産ごとのポテンシャルを最大限に発揮する方法をどのように検討して実施するかについて説明しました。また、社外への賃貸の場合でも社外への売却の場合でも、借主を想定することが非常に重要であることなどもご理解いただけたと思います。

　ところが、これはあくまでも個別不動産ごとの最適方法を検討したに過ぎません。

　たとえば、「A事業部が管理していた不動産は不要になったので社外へ売却したが、B事業部は工場用地が必要になったので不動産を購入していた」「親会社が保有するオフィスビルを社外へ賃貸したのに、グループ会社はオフィス面積が足らずオフィスビルを賃借していた」となると、全体最適が図れているとはいえません。複数の不動産を保有する企業やグループ企業が多数ある企業は、個別最適ではなく全体最適の観点を持つことが重要です。

　しかし、実際にはなかなかうまくいっていません。なぜなら、会社が保有する不動産を多角的な視点で一括して能動的にとらえている部署が存在している企業は少ないからです。

　たとえば、いままでお会いした企業の方に「不動産を担当している部署はどこですか」と尋ねると、総務部や管財部という返答が多かったように思います。総務部や管財部の方にお会いすると、台帳で管理するのが仕事で、不動産をどのように活用していくか、大規模修繕費用が今後どれぐらい必要かについては担当ではないのでわからないという返答が多かったことも事実です。それではどちらの部署が担当し

ていますかと尋ねると、「よくわかりません」ということで明確な回答が得られない場合がほとんどでした。

このような状態ではグループ企業を含めた不動産の全体最適化を検討することはむずかしいといえます。多くの場合、部署によって「不動産」に対して使っている言葉が違う場合もありますし、言葉からイメージする内容が異なる場合もあります。

たとえば、「不動産を管理する」という言葉でも、土地や建物の面積や所在地などの定性的な情報を管理することをイメージする人もいますし、将来必要とする大規模修繕費を把握することをイメージする人もいます。あるいは、遊休地の草刈りや清掃などをいつ実施したかという情報を管理することだとイメージする人もしますし、事業部が使用している不動産の稼働率を把握することをイメージする人もいます。つまり、所属している部署や職位によって不動産に対する見方が異なるので、言葉の使い方も異なるということです。

言葉の意味や今後全社で取り組む内容などについて、みなさんの認識をすり合わせ、齟齬がないようにするためにも、関係する部署のメンバーが一堂に集まり勉強会を行なうことをお勧めします。今後の検討の進め方に大きな違いが出てきます。

SECTION 10-2

不動産リストを作成し
2軸4象限で分類する

　保有している不動産の全体最適化を検討するには、グループ会社を含めたすべての不動産の情報を一か所に集めることからスタートします。

　いままでご相談いただいた企業の多くは、親会社の総務部、管財部、財務部などに各部署が必要だと思う情報を各部署がバラバラに管理していました。住所や土地面積の情報は総務部、大規模修繕の履歴は管財部、過去の大規模修繕費や中期経営計画中に必要な大規模修繕予定費は財務部、といった具合です。グループ会社の不動産情報を親会社が把握していない企業もありました。

図表10-1 ◉ 不動産リストに載せる項目

No	物件名称	物件種別	都道府県	市区町村	町字	地番	住居表示	路線名	最寄駅	最寄駅距離(m)	駅徒歩分
1	本社	事務所等	東京都	千代田区	▲▲	X-X	東京メトロ	▲▲駅	200	2.5	1,000
2	●●工場跡地	遊休地	大阪府	大阪市	■■	○-○	阪急電鉄	■■駅	1,000	12.5	10,000

このような状態ではグループ会社を含めた不動産の全体最適化が図れませんし、情報が少な過ぎて経営者が不動産に関する決断をするときに適切な意思決定をすることができません。

不動産リスト（**図表10-1**）には次のような項目を記載します。

・物件名　社内で認識できる名称
・物件種別
・所在地
・鉄道最寄駅
・鉄道最寄駅からの距離
・敷地面積　公簿、実測
・既存建物がある場合は、建築年
・土地の所有者
・建物の所有者

敷地面積(㎡)	敷地面積(坪)	建築年	築年数	所有者	自社所有	グループ会社所有	土地簿価	土地時価	建物時価	建物簿価	用途地域	建蔽率	容積率	適性用途	人口動態
303	1997	23	親会社	○											
3,025	1985	35	親会社	○											

- 賃貸している場合は借主
- 賃貸している場合の契約形態
- 賃貸借契約期間
- 賃貸借契約期間終了日
- 土地価格　簿価、固定資産税評価額、時価
- 建物価格　取得価額、減価償却累計額、簿価
- 用途地域
- 建蔽率
- 容積率
- 適性用途
- 人口動態
- 高齢化率

　グループ会社の不動産を含めて不動産リストを作成すると、大きなくくりで遊休地が見えてきたり、本業に資する不動産だが低稼働、という現状が見えてきたりします。

　しかし、この段階で鉄道駅近くの分譲マンション適地と思われる遊休地から順次売却していくことはお勧めしません。不動産売買仲介会社や分譲マンションデベロッパーが売却を勧めるかもしれませんが、いったん立ち止まりましょう。

　買主がすぐに見つかりやすい、売却しやすい不動産から売却していくと、鉄道の最寄駅から徒歩圏でなかったり、交通量が多い国道沿いで面積が狭かったりするような、一見、売却しにくい不動産だけが残ってしまうことになります。全体最適化を図る観点から不動産リストを作成した意味がなくなってしまいます。

　まず作成した不動産リストをもとに分析をします。分析方法の一つとして、自社での利用度が高い・低い、不動産マーケットでの価値が高い・低いという2軸4象限で保有不動産を分類する方法があります（**図表 10-2**）。

図表10-2 ● 2軸4象限の図

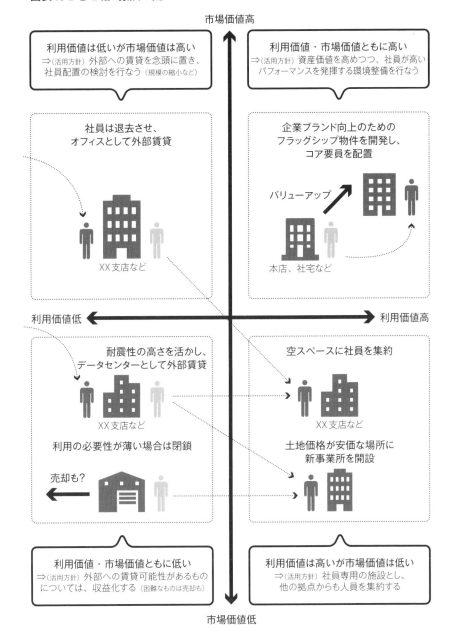

市場価値高

利用価値は低いが市場価値は高い
⇒（活用方針）外部への賃貸を念頭に置き、
社員配置の検討を行なう（規模の縮小など）

利用価値・市場価値ともに高い
⇒（活用方針）資産価値を高めつつ、社員が高い
パフォーマンスを発揮する環境整備を行なう

社員は退去させ、
オフィスとして外部賃貸

企業ブランド向上のための
フラッグシップ物件を開発し、
コア要員を配置

バリューアップ

XX支店など

本店、社宅など

利用価値低 ← → **利用価値高**

耐震性の高さを活かし、
データセンターとして外部賃貸

空スペースに社員を集約

XX支店など

XX支店など

利用の必要性が薄い場合は閉鎖

土地価格が安価な場所に
新事業所を開設

売却も？

利用価値・市場価値ともに低い
⇒（活用方針）外部への賃貸可能性があるもの
については、収益化する（困難なものは売却も）

利用価値は高いが市場価値は低い
⇒（活用方針）社員専用の施設とし、
他の拠点からも人員を集約する

市場価値低

自社での利用度が高い不動産は、不動産マーケットでの価値にかかわらず、継続して使用することになります。自社での利用度が低く不動産マーケットでの価値が高い不動産は、社外への賃貸か社外への売却を検討することになります。自社での利用度が低く不動産マーケットでの価値も低い不動産が、"負"動産となります。

　これらをいかに社外へ賃貸するか、社外へ売却するかを検討し、計画を立てます。自社での利用度が低く不動産マーケットでの価値が高い不動産とセットにして売却する（いわゆるバルク売り）方法を検討することも一つです。

　個別の不動産では想定売却価格が低い場合でも、複数の不動産をまとめることで想定売却価格の総額が高くなれば、投資家を含めた買主候補者が増え、売却の可能性が広がることがあります。

　一方、自社での利用度が高く不動産マーケットでの価値が低い不動産も"負"動産になり得ます。

　バブル崩壊後の業績不振を補うため、遊休地や低利用地、社宅や寮を売却してしまっていて、現在保有しているのは、工場、倉庫、研究所、本社オフィスといった、本業のために必要な不動産しか残っていないという企業が多いように思います。

　ところが、社歴のある企業ほど、本業で使っている建物の築年数が進み、近い将来、老朽化による大規模修繕や建て替えを検討せざるを得ない状況になります。これまで場あたり的な応急処置・修繕を行ないながら使用し続けてきたケースが多いからです。

　かといって、本業で使用している建物なので遊休地のように単純に売却を決断するわけにもいかず、従業員の雇用や本業取引の継続が可能な移転地の探索をしなければなりません。前章までに説明した、大規模修繕して継続使用しながら、移転先の探索、移転元の社外への賃貸または社外への売却を組み合わせて検討していく必要があります（第2章参照）。

事業のライフサイクルと不動産

　グループ会社を含めた保有不動産を2軸4象限で分類する方法を説明しました。この分類は現時点での分類ですが、「現在は自社での利用度が低いが、今後5年間で利用度が高くなる可能性がある」「現在は自社での利用度は高いが、今後5年間で利用度が低くなる可能性がある」といったように時間軸を含めた検討が必要になる場合があります。

　将来の利用度が低くなったり高くなったりする大きな理由として、製品のプロダクトライフサイクルがあります。プロダクトライフサイクルとは、製品が市場に投入されてから撤退するまでのプロセスを示したもので、「導入期」「成長期」「成熟期」「衰退期」に区分されることが一般的です。

　現在は利用度が高くても、製品のプロダクトライフサイクルが成熟期にある場合、衰退期に突入したときに、生産量の低下もしくは生産そのものをしなくなります。そうすると不動産の利用度は低くなります。一方、プロダクトライフサイクルが導入期にある場合、今後成長期に突入したときに生産量が増加します。そうすると工場の増改築により不動産の利用度は高くなります。

　事業部制（製品毎）組織を採用している企業は注意が必要です。理由は大きく2つあります。

　1つ目はセクショナリズムの弊害の問題です。〇〇不動産はA事業部のもの、△△不動産はB事業部のもの、という考えがあると、A事業部の製品が衰退期に入っており〇〇不動産の利用は見込めない、B事業部の製品は成長期に入っており△△不動産だけでは不足が見込まれる、といった場合でも、B事業部のためにA事業部の〇〇不動

産を利用できない場合があります。

　2つ目は、本社経費・共通経費の配賦の問題です。C事業部は製品が衰退期に入り事業撤退をしたいと考えているとします。事業撤退することで本社経費・共通経費を負担しなくなることから、他のD事業部やE事業部への配賦が増えることになります。そうするとD事業部やE事業部の費用負担が増え、業績が悪くなったように見えます。このような状態になることを嫌がり、C事業部の事業撤退や不動産売却にD事業部やE事業部が反対するという場合です。

　事業部ごとの長が取締役の場合が多く、いろいろな事情が複雑に絡んできます。

　これらを改めることを決断し、全体最適化を進められるのは社長しかいません。

SECTION 10-4

経営資源を活かすなら「自社運営」か「他社運営」か?

　この項では、不動産の全体最適化を目指すべきであるという段階からもう一歩進んで、「ヒト」「モノ」「カネ」という「経営資源を活かすCRE」について説明します。

　前章までで、建物貸し（借家）にせよ、土地貸し（借地）にせよ、貸主である企業が借主と直接賃貸借契約を締結する方法と、貸主が運営管理会社に賃貸し、運営管理会社が借主に転貸する方法を説明しました。

　前者の場合、借主探索、契約書締結、建物管理などを貸主が行なうことになります。後者の場合、賃貸マンションなどの運営管理会社との賃貸借契約管理と運営管理会社の与信管理を行なえばいいことになります。前者は、賃貸マンションなどの運営管理会社に支払う管理料が不要となりますが、後者と比べて運営管理など高いノウハウが必要となるうえ、企業は運営管理を行なう人件費などが必要となります。

　しかし後者では、入居者が、運営管理会社と賃貸借契約を締結したときに支払う敷金・礼金や更新料は全額運営管理会社が受け取ってしまい、貸主に還元されることはほとんどありません。前者であれば得られたであろう収益が得られないということです（少なくとも私は、これらが貸主に還元されるような事業収支表を見たことがありません）

　賃貸マンションや賃貸アパートの敷金・礼金は月額賃料の数か月分に設定されている場合がありますし、更新料も月額賃料の1〜2か月分に設定されている場合があります。一般的に賃貸マンションや賃貸アパートの賃貸借契約期間が2〜3年（24か月〜36か月）であることから、場合によっては運営管理会社が総額30〜40か月分を収受しているということです。部屋数が多い場合は無視できない金額になります。

　また、社外へ賃貸するときに生じる業務として、PM業務、BM業

務があることを説明しました。また、FM業務やAM業務についても説明をしました。

　一般的に、社外へ賃貸する場合は、これらPM業務、BM業務のすべてまたは一部を外部委託（以下、他社運営）するため「費用」と考える企業が多いのですが、これらの業務を内製化し自社で行なうことで（以下、自社運営）、社外への費用支出を抑えるとともに、ノウハウを蓄積することができます。さらに一歩進めて社外から業務を受注することができるようになると、費用ではなく「収益」となります。いわゆる「フィー（手数料）ビジネス」といわれる不動産事業領域から収益を得ることができるようになります。

　これらの業務を行なう人材がすでに社内にいる場合があります。工場や倉庫で電気設備を担当している方、建物修繕を担当している方々です。高齢化に伴う定年延長、工場閉鎖に伴う人事異動などで、不動産活用の領域で活躍できる方が社内にいるはずです。このようなノウハウを持つ人材がすでに社内にいる場合、新たな人材を採用せずとも、社内にノウハウを蓄積していくことができます。

　また、2軸4象限の分析の結果、不動産を売却し資金化することができれば、新たな資金を準備する必要がなくなる可能性もあります。

　社内にある「ヒト」「モノ」「カネ」という経営資源を確認し、最大限活用しましょう。

不動産リストを作成してヒトを活かす計画を策定した事例

　不動産子会社を持つＡ社は、昔から国道や県道沿いで事業を営んでいましたが、昨今の経済環境の変化を背景に事業再編をしたことで、遊休地になったり低稼働になったりしている不動産が多数ありました。

　いままでは不動産が不要になれば社外へ売却し、貸してくれと言われれば社外へ賃貸していましたが、Ａ社経営陣は企業としてきちんと経営方針を立てて推進していく必要があるとの問題意識を持っていました。

　親会社の総務部が管理している不動産台帳を見ると、Ａ社ならびにグループ会社が保有する不動産は 200 を超えていました。本業で使用中のものが大多数でしたが、コンビニエンスストアや駐車場として賃貸している不動産も含まれていました。

　まずは不動産リストを作成するために、すべての物件の、住所、土地面積、現況、用途地域、建蔽率、容積率、最寄駅からの徒歩分数などを調べました。次に本業で使用しているかを確認し、稼働状態を確認しました。稼働状態が高く本業で使用している不動産を除いた不動産について、国立社会保障・人口問題研究所人口予測が公表している「将来人口推計人口・世帯数」などのデータを活用し将来ポテンシャルを把握しました。

　その結果、約４分の１にあたる不動産について、将来においても本業では使用しないという結論が導き出されました。不動産ごとに物件概要書を作成し、用途の適性を予測しました。適性にもとづき、社外へ売却する場合の買主候補者と想定売却価格、社外へ賃貸する場合の借主候補者と想定賃料、想定賃料から計算される収益物件としての想定売却価格を試算しました。

これらの作業を通じて、売却の順番、売却して得られる資金をどの賃貸事業へ振り向けるかという5か年計画を策定しました。

　A社は、不動産ビジネスを本業に次ぐ第2の柱にしたいと考えていたことから、次期中期経営計画に不動産ビジネスでの売上高と賃料収入を織り込みたいと考えていたのです。合わせて、事業再編により従前配属していた事業部の人材を不動産ビジネスで活かせないかということも考えていました。

　そこで、「NEXT CRE」として、まずは社外への賃貸の可能性を確認し、たとえば賃貸マンションやオフィス適地であれば、その建物の管理や修繕は社内の人材を活用するという方針を立て、5か年計画で実行に移していくことになりました。

　CREという単語はいまでは珍しくはなくなりましたが、これまではそれほど熱心に企業が取り組まなかった理由として、不動産のみに着目している、不要になったり低稼働の不動産は売却という出口ありきの戦略だったりしたからだと思います。

　不動産は会社にとって大切な経営資源の一つです。会社の目標の一つが企業価値の向上だとするならば、不動産と社内の人材を活用し、企業価値向上を図る、NEXT CREの段階にステップアップしていく時代になってきたのではないでしょうか。

戦略を立てて、
社内体制を構築する

　本当の意味での CRE を実施していく場合、「何年後にいくらの収益を得たい」という目標を定めます。

　不動産事業には大きく分けて、①建物貸し（借家）、土地貸し（借地）という「保有型ビジネス」（ただし、賃貸化した不動産を賃貸借契約終了まで保有し続けずに収益物件として社外へ売却したり、収益物件を社外から購入したりする領域も含みます）、②デベロッパー事業や不動産の売買という「回転型ビジネス」、③ PM 業務や BM 業務などの「フィービジネス」の３つがあります。

　それぞれ内包するリスクや得られる収益額は異なります。多くの収益を得たいと考えるのであれば回転型ビジネスの割合が高くなるでしょうし、安定的な収益を得たいと考えるのであれば保有型ビジネスやフィービジネスの割合が高くなるでしょう。

　不動産ビジネスからどれぐらいの収益を得たいか、許容できるリスク量はどれぐらいか、どのビジネスの割合を高めるのかを決め、人的リソースを確保できるかなどの観点から、不動産事業領域と社内の役割分担を決めて、社内体制を構築していきます。

　社内体制を構築するときに留意することがあります。建物貸し（借家）にせよ、土地貸し（借地）にせよ、賃貸借期間は数十年という長期となります。第４章で説明した運営期間とクロージング期間においても、定期的なモニタリングが必要です。

　目標設定や計画を立てる部署、実務を実施する部署、実務の実施状況と当初計画の差異を管理する部署が必要です。また、実務の実施状況と当初計画に乖離がある場合に、誰がどのような判断を行なうかというルールづくりも必要です。

不動産の活用と
本業のシナジーを狙った事例

　B社は、歴史のある会社で不動産を多数保有しています。本業は順調ですが、不動産ビジネスを第2の柱とすべく、活用、収益物件の購入と売却、デベロッパー事業への参入など、さまざまな切り口で不動産ビジネスを展開してきました。

　事業として成功はしていましたが、B社役員からは、不動産ビジネスが本業の発展を支援できるような方法はないか、ということで私にご相談がありました。つまりやるからにはシナジー効果を発揮させたいというご相談でした。

　B社は地元では有名な企業で、多数の企業と取引をしています。また歴史がある企業なので信用力もあります。

　私は、B社がまだ手がけていない不動産アセットである物流倉庫への投資を提案しました。

　ここで物流倉庫マーケットについて説明します。数十年前の日本では、倉庫といえば農家が田舎の田畑の一部に簡易な建物を建てたものというイメージが強く、その倉庫を運送会社が借りるという時代がありました。2000年頃から外資系の物流倉庫デベロッパーが日本に参入し、ワンフロア面積が1万坪もあるような巨大な倉庫を消費地に近い場所で建て始めました。このような物流倉庫は、天井高や床荷重などのスペックがほぼ同じなので、マルチ型倉庫と呼ばれることは第4章で説明したとおりです。

　製造業や小売業を始めとする多くの企業はリードタイムの短縮化や効率化が図れるとして、マルチ型倉庫を利用した配送を行なうよう運送会社へ要請し、マルチ型倉庫を利用することが一般的となりました。

　ところが数年前から、マルチ型倉庫では倉庫内のオペレーションの

効率化が十分に図れていないのではないか、自動機械を導入するにあたって、もう少し天井高が欲しいなどのニーズが出始め、BTS型倉庫というオーダーメイド型の倉庫を利用する傾向になってきています。

　B社の取引先はおそらく倉庫を利用しています。大半はマルチ型倉庫を利用しているでしょう。そこでB社がBTS型倉庫のコーディネーター兼投資家となり、マルチ型倉庫を利用している取引先を引き込もうという計画です。

　日本でBTS型倉庫の供給が進まないのはいくつか理由があります。1つ目は、倉庫の貸主は借主である運送会社との接点はありますが、トラックに積んである製品をつくっている会社、商品を売っている会社との接点はほとんどないからです。つまり利用企業の真のニーズを把握できないのです。2つ目は、マルチ型倉庫を建てる場合100億円超の金額になる場合がありますが、BTS型倉庫の場合は10億円程度で建築できる場合があるからです。倉庫の貸主である所有者、とくに投資家やデベロッパーは、同じ労力をかけるのであれば金額が大きいマルチ型倉庫のほうに取り組み妙味があると考えてしまいます。

　B社は多数の取引先と接点を持っているためにニーズを把握しやすいですし、不動産ビジネスも展開しています。倉庫の特殊性について理解をすれば、対応可能であると推測したのです。

　もちろんB社もマルチ型倉庫の所有者と取引がありますが、マルチ型倉庫を利用している会社は場合よっては数十あります。B社からみた場合、マルチ型倉庫の所有者1社のみと取引をしたほうがいいのか、BTS型倉庫にして数十社と取引をしたほうがいいのでしょうか。

　現在B社はBTS型倉庫について検証を重ねています。

The Essential Guide to
Corporate Real Estate

第 11 章

こんな会社はいますぐに
遊休不動産をどうするかについて
対策を講じたほうがいい

SECTION
11-1 事業後継者が見つからずにM&Aを検討している会社

『2019年版　中小企業白書』によると、日本の企業数（会社数＋個人事業者数、非1次産業、2016年）のうち、大企業の社数は1万1157社（割合は0.3%）、中小企業の社数は約357万8176社（割合は99.7%）です（**図表11-1**）。

企業の設立年別でみると、1985年以前に設立された企業が約66万社、1986年から1995年に設立された企業が約37万社、1996年から2005年に設立された企業が約25万社、2006年から2011年に設立された企業が約13万社、2012年に設立された企業が約2万社、2013年に設立された企業が約2万社、2013年以降に設立された企業が約1

図表11-1 ◉ 世の中の企業は「中小企業」がほとんど

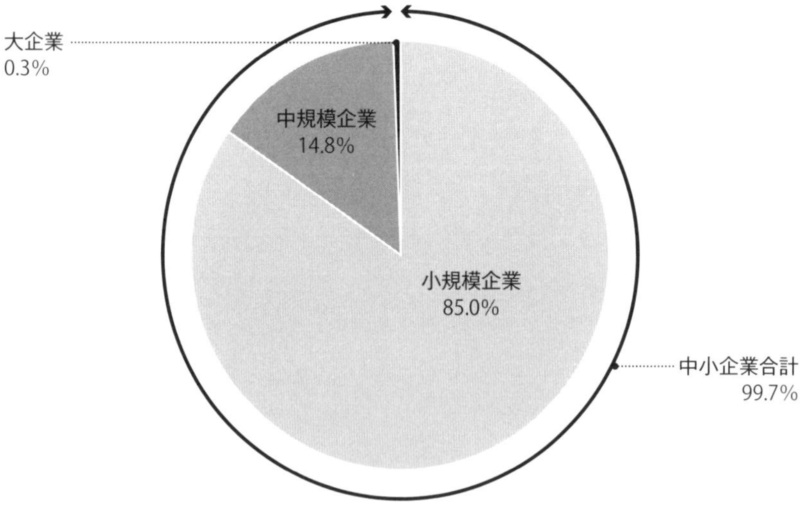
大企業
0.3%
中規模企業
14.8%
小規模企業
85.0%
中小企業合計
99.7%

出所：中小企業庁『2019年版　中小企業白書』

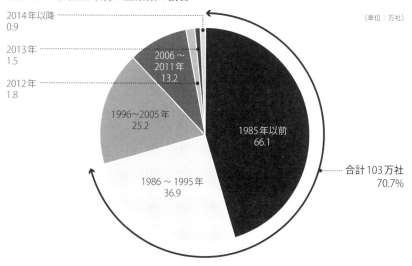

図表11-2 ● 設立年別の企業数の割合

（単位：万社）

- 2014年以降 0.9
- 2013年 1.5
- 2012年 1.8
- 2006～2011年 13.2
- 1996～2005年 25.2
- 1986～1995年 36.9
- 1985年以前 66.1
- 合計103万社 70.7%

出所：中小企業庁『平成30年確報中小企業実態基本調査報告書』

万社です。

　つまり、全体の半分以上の企業、約103万社が設立から25年経過していることになります（**図表11-2**）。

　中小企業の経営者年齢の分布では、1995年の最も多い経営者年齢は47歳であったのに対し、20年後の2015年の最も多い経営者年齢は66歳となっており、経営者年齢の高齢化が進んでいます。ちなみに、2018年の調査では69歳となっていて、さらに高齢化が進んでいます（次ダ**図表11-3**）。

　このような状況のなか、引退した中小企業の経営者と事業を引き継いだ後継者との関係は、子供（男性）などの親族内承継が55.3％、親族以外の役員・従業員が19.1％、社外が16.5％、その他が9.1％となっています。

　つまり親族以外へ事業承継する中小企業は半数近くあるということになります（次ダ**図表11-4**）。

図表11-3 ● 経営者の高齢化が進んでいる

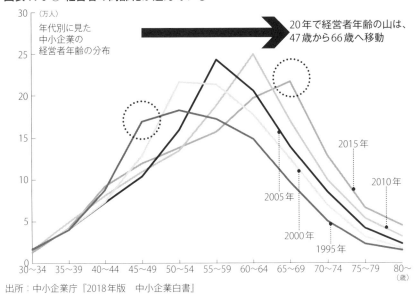

出所：中小企業庁『2018年版　中小企業白書』

図表11-4 ● 親族以外が後継者となるケースは半数近く

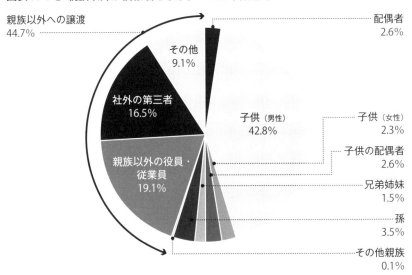

出所：中小企業庁『2019年版　中小企業白書』

親族以外に後継者を求める企業や後継者がいない企業は、

・系列の川上企業の資本を受け入れることにより川上企業の持分法適用会社となり、経営者を派遣してもらう

・川上企業に事業を完全に買い取ってもらって社長である自身は引退するが、川上企業に社員の雇用を継続してもらい事業を継続する

などの選択をしているようです。

　川上企業にとっては、事業内容や技術レベルを把握できている普段から取引のある川下企業からの要請ですので、このタイプのM&Aは取り組みやすい案件だといえます。

　持分法適用会社化でも完全買収化でも、いわゆるM&Aを実行する際の手続きにもとづき、川下企業の財務諸表を始めとする資料をデューデリジェンスし、適正な企業買収価格を算定し、資本注入を行なうという流れをとっていきます（**図表11-5**）。

図表11-5 ● M&Aの手続きの流れ

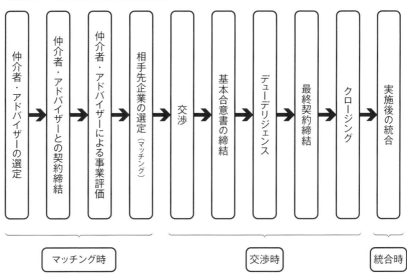

出所：中小企業庁『2018年版　中小企業白書』

ところが昨今のコンプライアンス遵守強化の流れを受け、このような良好な関係で検討が行なわれる川上企業と川下企業のあいだでの持分法適用会社化や完全買収化でさえ頓挫してしてしまう事例が増えてきています。

　そしてその理由が保有している不動産の存在にあるケースが多いのです。

　一般社団法人建設物経済研究所が提供している建物のライフサイクルコストデータによると、建物は築年数が進めば進むほど修繕費や大規模修繕費が必要になってきます。

　ライフサイクルコストに占める建物新築工事費の割合はわずか約15%で、残り約85%は修繕費や大規模修繕費が占めているともいわれています。つまり、建物建築費に10億円かかった場合は、約50億円の修繕費や大規模修繕費が必要になるということです。当然、竣工当時に策定した大規模修繕計画どおりに大規模修繕を実施していない

図表11-6 ● 建築費よりもはるかに多くの維持管理費がかかる

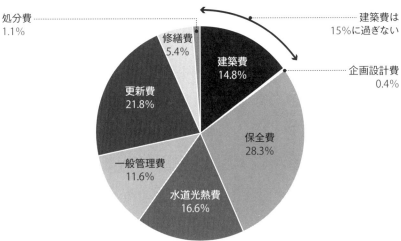

出所：一般社団法人　建設物経済研究所『LCCが建設コストの及ぼす影響に関する基礎研究』より筆者作成

場合は、想定以上に建物老朽化が進行してしまい、ライフサイクルコストデータが示す金額よりもさらに大きな金額が必要になってしまうことも十分に考えられます（**図表 11-6**）。

また、建物竣工以降、建物の老朽化などに伴って建築確認申請（建築基準法第6条、第6条の2、第6条の3）や建築確認を経ずに行なっている増改築については、増改築前の状態に戻すか、現在の建築基準法に適合するように是正するよう、監督官庁から命令をされる可能性（建築基準法第9条、第10条）もあり、多額の費用が必要になることも十分に考えられます。

雨漏りが生じるなど、不具合が発生してから対応している企業も少なくありませんが、これらの対応費用が、いつ、どれぐらい必要になるのかを事前に見積もり、中期経営計画に予算を織り込んでいる企業は少ないように思います。

私が相談を受けた案件でも、簡易的な診断調査の結果、毎年数億円から数十億円単位の修繕費や大規模修繕費が必要になるとの試算が出てきたこともありました。そうすると中期経営計画やキャッシュフローに与える影響は大きく、本業は順調でも予期せぬ急な支出で事業継続がむずかしくなることは明らかです。これは経営者にとって無視できません。

また、企業の多くは生産設備の老朽化が進み、設備更新への対応が必要な時期に差しかかっています。中小企業白書でも企業の 57.4％が設備更新、46.5％が生産能力拡大のために投資を検討していると指摘しています（次ジ**図表 11-7**）。

しかしながら、事業成長の見通しがつかない、物件横断や中長期の視点で不動産全般を通した戦略や施策が明確化されていない、保有不動産にさまざまなリスクが内在していると想定するものの現状のリスクが把握できていない、不動産戦略推進にあたってのリソースが最適化されていない、などの問題を抱えて困っているケースが非常に多くなっています（次ジ**図表 11-8**）。

図表11-7 ● 不動産にかかわるお金のニーズは非常に多い

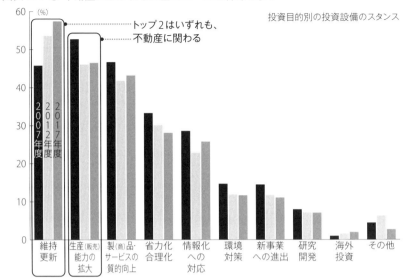

出所：中小企業庁『2018年版　中小企業白書』

図表11-8 ● 企業が保有する不動産にかかわるリスクは多い

中長期の不動産にかかる大方針が不明確	・本業の経営戦略や事業戦略とリンクした建物利活用ができていない（経営と建物管理がそれぞれ独立） ・継続利用が前提であり、現状の延長線上で物事を検討しがちで、幅広い施策を視野に入れた議論がなされていない（大規模修繕、建替え、移転）
経営リスクに直結する各種建物リスクが内在	・保有不動産に関して、顕在化しうる経営上のリスクが内包されている 　・違法な増改築により、監督官庁から指導・処分を受けるリスク 　・プロダクトライフサイクルコストに沿った拠点利活用ができず、ビジネスチャンスを逸失したり、生産余力を遊休化してしまうリスク 　・土壌汚染やアスベストなどのリスク対処が不足し、売却時に想定価格を大きく下回るまたは売却できないリスク
個別の施策立案・意思決定に足る情報が不足	・各社・各工場に管理を依存しており、経営上注視するべき建物に係る情報がグループ横断で体系的に把握がなされていない ・経営・事業戦略に係る基本的な情報と物件情報とがリンクしておらず、戦略レイヤーの検討のインプットとしての2次利用が困難 ・建物リスクに関する調査を実施していない

昨今、漏電火災による操業停止や老朽化した建物の壁落下による人身事故が報道されています。事象によっては刑事事件や民事事件として扱われています。経営者にとっては、予期していなかった事象により経営責任を負う可能性が高まっているといえます。

傘下企業が多い中堅企業、
海外へ進出する中小企業

　昨今の企業はコンプライアンス（法令遵守）を重要視しています。法令や社会的規範を遵守するということです。

　保有する不動産についても、法令や社会的規範の遵守が求められていることは当然です。

　しかし、大企業といえども不動産に関して潜在的な問題があることを認識していない、もしくは問題があることを認識しているものの、どのように調査を行ない、是正を行なっていくのか、社内にノウハウがなく立ち止まってしまっている企業が多く見られます。

　M&Aによって企業グループを拡大してきた企業は、買収した企業の社員のモチベーションを維持するために、買収した企業の自主性を重んじ、買収後も買収前と変わらない経営を認めているケースがあります。事業の継続性という点では有効な手段だと思いますが、反面、買収した企業の実態が見えづらくなる場合があります。

　以前私は、コンプライアンスの観点から、グループ企業すべての不動産について調査・確認して欲しいとのご相談を受けたことがありました。

　この企業は、私に相談する前にすべてのグループ企業に対し調査を行ない報告するよう指示したものの、買収した企業の自主性を重んじてきたためにガバナンスが効かず、現状把握を行なうことすらできなかったというのです。指示された側も、普段何気なく使用している建物に対する遵法性を考えたことがなく、何をどのように調べたらいいのか、何が正しい状態で、正しくない場合は、誰にどのように依頼すれば正しい状態になるのかがわからないし、調査費用を予算として確保していないので、報告のしようがなかったとのことでした。

つまり、誰も現状を把握しておらず、知らないあいだに経営リスクを抱えている可能性がある経営状態に陥っていたということです。

そして、これらのことを強く認識させられるのが、海外企業と取引を行おうとするときです。

大企業だけではなく中小企業は、日本国内マーケットの成長が鈍化するなか、海外マーケットへの進出または拡大を検討しています。マーケット調査を行ない、海外企業との交渉を行ない、話がまとまったときに海外企業から求められることが「法令を遵守している」という誓約書へのサインです。

以前は「工場は適切な労働環境である」「社員に過大な残業を強いていない」など、人に関する法令遵守の確認が主でしたが、最近は「工場の建物は違法建築物ではない」など、不動産に関する法令遵守の確認も含まれてきています（**図表11-9**）。

また、以前は誓約書へサインする企業（親会社）のみが誓約書の対象

図表11-9 ● 保有する不動産の遵法性もチェックの対象に

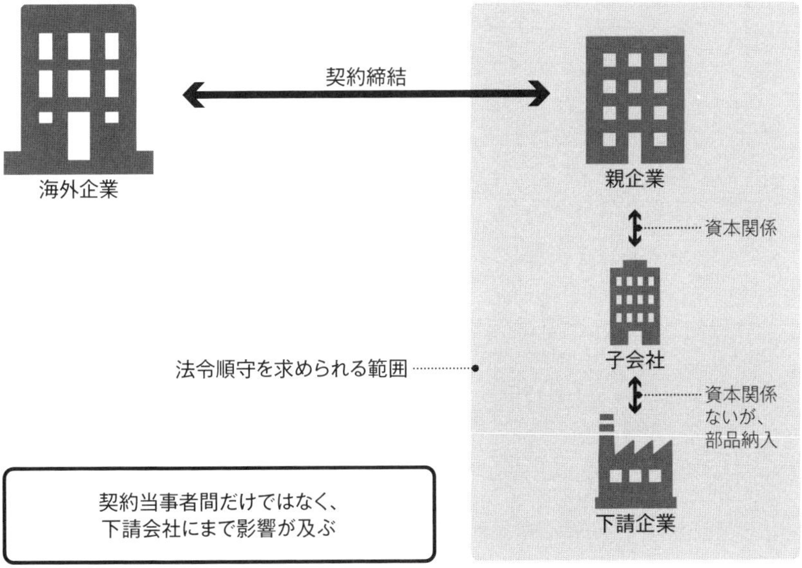

でしたが、最近は、実際に部品を製造している子会社や下請会社についても誓約書の対象となり、人的、物的に法令を遵守していることを親会社が誓約しなければなりません。当然遵守していなければ契約を締結することができず、黙って契約を締結したとしても法令違反が見つかったときは莫大な損害賠償を支払わなければならないと明記されています。

　日本企業は、社員数が数名の比較的規模の小さな会社であっても不動産の法令遵守に無関心ではいられなくなったのです。

●おわりに

　最後までお読みいただきありがとうございました。

　「はじめに」でお断りしたとおり、本書で紹介する事例は、特定の企業の案件ではなく、さまざまな案件を参考に読者のみなさんにご理解いただけるように簡素化した架空のものです。本書の内容について、三菱UFJ信託銀行ならびにデロイト　トーマツ　コンサルティングは一切関係がありません。

　しかし、読者のみなさんにご理解いただけるよう、できる限り詳しく、不動産の活用の具体的な検討方法や注意点を説明したつもりです。企業が抱える不動産に関する悩みはさらに多様化していくと思いますが、本書が一助になれば幸いです。

　経営戦略や不動産戦略策定については、別の機会にお伝えできればと思います。説明が不足している部分やわかりにくい部分がありましたら、ひとえに筆者である私の責任です。増刷の機会がありましたら追記・修正させていただきますので、ご意見を頂戴できれば幸いです。

　そもそも本書を出版することができたのは、私のコンサルティング内容をお知りになった母校関西学院大学の先輩である出雲豊博さん（株式会社出雲総合鑑定所）が、同じく先輩である三宅一史さんを通じてわざわざ私に声をかけてくださり、本を書くことを勧めてくださったからです。そして出版社の方もご紹介くださいました。

　出雲さんはベストセラーとなった『図解でわかる不動産金融ビジネスのすべて』（2004年、日本実業出版社）という書籍を上梓されていますが、私の執筆活動中は、そのときのご苦労話や、執筆にあたっての留意点など、絶えず叱咤激励をしていただきました。両先輩には感謝の念が絶えません。まことにありがとうございました。

また勉強会やセミナーの機会、案件のご相談・ご発注をいただいた取引先のみなさま、関西学院大学の先輩であり10年以上にわたり応援してくださった辻岡豊裕さん、藤重智明さん、ほかの諸先輩方（なかでもKGリアルターズクラブのみなさま）、不動産に関係する企業にお勤めの非常に多くの方々に、いろいろご教示いただいたからこそ、本書を書き上げることができました。この場をお借りして御礼申し上げます。そしてこれからもよろしくお願いいたします。

　私の両親、祖父母、弟とその家族、妻のご両親にも感謝します。信託銀行から経営コンサルティング会社への転職をはじめ、いろいろありましたが、さまざまな形でずっと私を支えてくれたからこそ、いまの私があります。ありがとうございます。

　最後に、本書の執筆にあたって、子育てと資格取得のためにとても忙しいなか、執筆できる環境をつくってくれた妻と、「パパ何してるの？　頑張れ！」と応援してくれたのんちゃんとけんちゃんにも感謝の言葉を伝えたいと思います。ありがとう。あなたたちが寝るときに、パパがパソコンに向かっていたのは、この本の原稿を書いていたからです。そして、家族みんなの支えがあって書き上げることができました。本当にありがとう。パパはもっともっと頑張ります。

2019年10月5日　とても暑かった運動会の日の夜に

◉参考書籍

津村重行著『図解不動産業　不動産調査入門　基礎の基礎　改訂版』(2006 年、住宅新報社)

鵜野和夫著『平成 30 年 10 月改訂　不動産の評価・権利調整と税務』(2018 年、清文社)

三菱 UFJ 信託銀行不動産コンサルティング部編『改訂新版　不動産コンサルティングポケットブック』(2010 年、近代セールス社)

出雲豊博著『図解でわかる不動産金融ビジネスのすべて』(2004 年、日本実業出版社)

下市源太郎（しもいち　げんたろう）
関西学院大学卒。三菱信託銀行（現三菱ＵＦＪ信託銀行）に入社。
法人や企業年金に対する資産運用コンサルティング業務を経て、不
動産部門へ。売買仲介のほか、不動産活用コンサルティングと賃貸
借仲介（オフィス、商業施設、物流倉庫など）の専任者として、10年超
チームを率いる。その後、デロイト トーマツ コンサルティングへ転職し、
経営方針や中期経営計画に合致した不動産戦略策定から個別不
動産診断、実行まで幅広いサービスを提供する。約450社、2500人以
上にわたる人脈が強み。趣味はモータースポーツ参戦。

公益社団法人日本証券アナリスト協会認定アナリスト
一般社団法人不動産証券化協会認定マスター
宅地建物取引士

問合せ先　toiawase@sogoconsul.com

図解　会社の「遊休地・老朽化建物」有効活用のすべて

2020年3月10日　初版発行

著　者　下市源太郎　©G. Shimoichi 2020
発行者　杉本淳一

発行所　株式会社日本実業出版社　東京都新宿区市谷本村町3-29　〒162-0845
　　　　　　　　　　　　　　　　　　大阪市北区西天満6-8-1　〒530-0047
　　　　編集部　☎03-3268-5651
　　　　営業部　☎03-3268-5161　　振　替　00170-1-25349
　　　　　　　　　　　　　　　　　　https://www.njg.co.jp/

印刷／壮光舎　　製本／共栄社

この本の内容についてのお問合せは、書面かFAX（03-3268-0832）にてお願い致します。
落丁・乱丁本は、送料小社負担にて、お取り替え致します。

ISBN 978-4-534-05766-2　Printed in JAPAN

名南コンサルティングネットワーク 著
定価 本体3000円（税別）

「できるだけ早い時期から」「"争族"にせず後継者が育つ」「確かで間違いのない」事業承継対策を立て、遂行する方法と手順を示します。そのまま使える「承継対策フォーマット」も掲載。

横山信弘 著
定価 本体2500円（税別）

大手企業をはじめ、中小企業を含め200社の7割を3年連続で目標達成させてきた、驚異の仕組みを初公開。目標の2倍の「材料」を積み、「最低でも目標達成」を実現する経営の新手法。

宮﨑淳平 著
定価 本体4000円（税別）

中小企業のオーナー経営者、投資家、大企業の担当者、弁護士や税理士等向けに、会社売却・事業売却のノウハウを丁寧に解説。よい条件で想定外の損失を被ることなく売却するノウハウを解説。

中村篤人 著
定価 本体2800円（税別）

出資や融資を受けるために不可欠な事業計画書のつくり方を「将来的に儲かるかどうか」を示す予想決算書等を付属のアプリケーションを使って算出しながらつくれる一冊。